Matias Peruyera

Diagramação e layout

EDITORA
intersaberes

SÉRIE EXCELÊNCIA EM JORNALISMO

DIALÓGICA

O selo DIALÓGICA da Editora InterSaberes faz referência às publicações que privilegiam uma linguagem na qual o autor dialoga com o leitor por meio de recursos textuais e visuais, o que torna o conteúdo muito mais dinâmico. São livros que criam um ambiente de interação com o leitor – seu universo cultural, social e de elaboração de conhecimentos –, possibilitando um real processo de interlocução para que a comunicação se efetive.

EDITORA intersaberes

Rua Clara Vendramin, 58 . Mossunguê
CEP 81200-170 . Curitiba . PR . Brasil
Fone: (41) 2106-4170
www.intersaberes.com
editora@editoraintersaberes.com.br

Conselho editorial
Dr. Ivo José Both (presidente)
Dr.ª Elena Godoy
Dr. Nelson Luís Dias
Dr. Neri dos Santos
Dr. Ulf Gregor Baranow

Editora-chefe
Lindsay Azambuja

Supervisora editorial
Ariadne Nunes Wenger

Analista editorial
Ariel Martins

Preparação de originais
Ghazal Edições e Revisões

Edição de texto
Natasha Saboredo
Camila Rosa

Capa e projeto gráfico
Charles L. da Silva

Diagramação
Renata Silveira

Equipe de *design*
Sílvio Gabriel Spannenberg
Charles L. da Silva

Iconografia
Celia Kikue Suzuki
Regina Claudia Cruz Prestes

Dados Internacionais de Catalogação na Publicação (CIP)
(Câmara Brasileira do Livro, SP, Brasil)

Peruyera, Matias
Diagramação e layout/Matias Peruyera. Curitiba: InterSaberes, 2018. (Série Excelência em Jornalismo)

Bibliografia.
ISBN 978-85-5972-664-0

1. Diagramação 2. Editoração eletrônica 3. Impressão – Leiaute
I. Título. II. Série.

18-12860   CDD-686.2252

Índices para catálogo sistemático:
1. Diagramação e layout: Tecnologia 686.2252

1ª edição, 2018.

Foi feito o depósito legal.

Informamos que é de inteira responsabilidade do autor a emissão de conceitos.

Nenhuma parte desta publicação poderá ser reproduzida por qualquer meio ou forma sem a prévia autorização da Editora InterSaberes.

A violação dos direitos autorais é crime estabelecido na Lei n. 9.610/1998 e punido pelo art. 184 do Código Penal.

Sumário

8 Apresentação

13 Como aproveitar ao máximo este livro

Capítulo 01
18 Elementos da página e preparação dos projetos gráfico e editorial

20 Elementos básicos

25 Preparação do projeto

27 Elaboração do projeto

35 Cotidiano

39 Reformas gráficas

Capítulo 02
45 Tipografia: letras, linhas e parágrafos

48 Classificação

56 A grande família tipográfica

68 Como escolher uma família tipográfica

81 Linhas e parágrafos

Capítulo 03
117 Imagem e cor
- 119 Fotografia
- 136 Ilustrações
- 140 Infografias, mapas e tabelas
- 143 Cores

Capítulo 04
160 Composição da página e impressão
- 161 Proporção e tamanho
- 162 *Grids*
- 181 Hierarquia
- 185 Repetição, contraste, alinhamento e proximidade
- 189 Impressão
- 207 Cores e tintas
- 219 Escolhendo cores para a impressão

Capítulo 05
232 Ferramentas de edição e de publicação
- 234 Montando a caixa de ferramentas
- 240 Fluxo de trabalho
- 243 Tipos de imagem e de arquivos
- 254 Adobe InDesign
- 285 Adobe Photoshop
- 295 Adobe Illustrator

300 *Para concluir...*
303 *Referências*
305 *Bibliografia comentada*
308 *Respostas*
311 *Sobre o autor*

Às pessoas que amam seu ofício a ponto de se obcecarem até pelos pequenos detalhes.

Agradeço aos meus ex-colegas da Gazeta do Povo, tanto pelos momentos dedicados a me explicar o funcionamento de algo quanto pelos momentos de diversão no "estresse do fechamento". Muito obrigado, Lyn Jannuzzi, Ricardo Humberto de Macedo, Lúcio Barbeiro, Benett, Marcos Tavares, Felipe Mayerle e todo mundo que me ensinou alguma coisa. Também agradeço às pessoas com quem tive a oportunidade de compartilhar algo que eu sabia. Essa troca de conhecimentos é essencial em um processo de aprendizado.

Apresentação

É comum ouvirmos, no dia a dia, afirmações pessimistas de que as pessoas leem menos ou quase não leem mais. Um dos nossos objetivos, nesta obra, é desmistificar essa imagem. Sim, as pessoas continuam lendo, sejam livros, jornais, revistas ou notícias, sejam receitas, fofocas, editoriais ou piadas. As pessoas leem em celulares, nos computadores e até mesmo materiais impressos.

No entanto, não trataremos somente do texto verbal, mas também dos textos não verbais, como fotografias e ilustrações. Nesse sentido, consideraremos a fonte tipográfica escolhida, a disposição de todos os elementos na página, a própria página e o tipo de papel em que o material foi ou será impresso. Independentemente de o material ter sido produzido por uma única pessoa ou por uma equipe, é fundamental termos a noção de que todos esses elementos funcionam juntos na comunicação. As fotografias mostram o que o texto não consegue descrever; uma tabela sintetiza informações e, assim, poupa vários parágrafos entediantes; a escolha do lugar que a matéria vai ocupar na página comunica o quão importante esse conteúdo foi considerado por quem o editou. Por isso, entender que a comunicação é feita de vários tipos de textos é fundamental, assim como entender que a maneira como os textos são dispostos também é, em si, um texto, um ato de comunicação.

Tendo isso em vista, no **Capítulo 1**, analisaremos os diversos elementos que podem compor uma página de jornal ou revista, bem como as funções de cada um deles e os vários pontos que precisam ser levados em conta ao se elaborarem os projetos gráfico e editorial de uma publicação. Ainda no mesmo capítulo, destacaremos a importância primordial do público-alvo, entendendo que esse é o ponto-base da elaboração de um projeto. Nesse sentido, também discorreremos sobre a importância de fatores como periodicidade, quantidade de páginas, distribuição e logística, que geralmente são definidos com base no orçamento direcionado à produção. Por fim, analisaremos a aplicação de um projeto no cotidiano de uma publicação e a possível necessidade de reformas de projeto em médio ou longo prazo.

No **Capítulo 2**, esclareceremos por que a escolha das famílias tipográficas que serão usadas em um projeto não se limita apenas ao "bom gosto" de quem as escolhe, visto que é necessário levar em consideração aspectos técnicos, legais, econômicos e culturais. Analisaremos, ainda, como as famílias tipográficas devem ser usadas corretamente, levando-se em conta fatores como o tipo de papel, o público-alvo e o idioma do texto. Além disso, apresentaremos a maneira correta de se criar um corpo de texto composto cuidadosamente, considerando-se aspectos como alinhamento e caracteres não alfabéticos. Em outras palavras, apresentaremos diversos aspectos importantes para que o texto se apresente da melhor forma possível ao leitor.

No **Capítulo 3**, abordaremos os recursos imagem e cor, a fim de esclarecer que estes não são um mero complemento do texto, pois também ajudam a constituir o conteúdo. Dessa forma, demonstraremos algumas maneiras de edição, reenquadramento e recorte de imagens para que elas passem a mensagem desejada. Além disso, indicaremos os principais modelos de cor presentes em um trabalho de diagramação e impressão, como montar uma paleta para um projeto gráfico e a melhor maneira de documentar as cores para conseguir uma coerência ao longo de diferentes páginas ou de diferentes edições.

No **Capítulo 4**, apresentaremos o que as diferentes proporções de página podem significar, como subdividir a página em várias colunas, as características que cada quantidade de colunas de um *grid* traz para um projeto gráfico e também as diferentes maneiras de se organizar o conteúdo de uma página. Nesse capítulo, também analisaremos as diversas maneiras de se aproveitar melhor o papel e indicaremos como ajustes sutis no formato do material a ser impresso podem acarretar uma grande economia. Na sequência, trataremos das vantagens e desvantagens da impressão digital e *offset* e de como as cores e imagens diagramadas em um computador são transformadas para poderem ser impressas. Para ilustrar isso, apresentaremos vários exemplos e técnicas para formatar uma publicação pensando na qualidade na impressão.

Por fim, no **Capítulo 5**, abordaremos temas relacionados às ferramentas necessárias para o trabalho de diagramação, inclusive o *hardware* e as ferramentas para organizar e compartilhar arquivos. Nesse sentido, daremos algumas dicas para otimizar seu fluxo de trabalho. Finalizaremos o capítulo com um exemplo de como diagramar uma página usando o Adobe InDesign e como usar seus principais recursos.

Nosso objetivo, com esta obra, certamente não é esgotar o assunto, mas mostrar a você o básico e instigá-lo a realizar mais pesquisas e leituras sobre os assuntos elencados aqui. É muito importante que você saiba não somente operar o programa no qual você produzirá uma página, mas que tenha consciência de que diagramar também é comunicação. No jornalismo, a importância do *design* gráfico não interessa somente a quem for trabalhar diretamente com isso, mas a toda a equipe, sobretudo no momento de se discutir uma ideia com quem for diagramar uma página, ou mesmo na elaboração de um projeto gráfico. Por isso, é importante entender o que há por trás de algumas decisões; nesse sentido, ter conhecimento técnico é fundamental para embasar nossas escolhas ou mesmo para compreender as escolhas de outras pessoas.

Para tornar o livro mais dinâmico e agradável, alternamos entre conceitos básicos e algumas manhas e "nerdices" aprendidas em vários anos de jornalismo impresso. O objetivo de cada capítulo e desta obra em si é que você consiga materializar páginas que não só permitam que o texto seja lido confortavelmente e que as fotografias e ilustrações – que também são jornalismo, vale o lembrete – se destaquem, mas que a página e a publicação em si também comuniquem.

É importante ressaltar, antes que você inicie a leitura, que muitos dos conceitos deste livro não são exclusivos do meio impresso, visto que podem ser aplicados a outras áreas do *design*, como o meio digital.

É válido salientar também que uma matéria maldiagramada, com uma tipografia mal-usada, linhas excessivamente longas e mal-impressa, não será lida. Por melhor e mais interessante que seja o texto, se ele não puder ser lido, todo o trabalho será desperdiçado. Aqui, nossa missão é evitar esse desperdício.

Como aproveitar ao máximo este livro

Este livro traz alguns recursos que visam enriquecer o seu aprendizado, facilitar a compreensão dos conteúdos e tornar a leitura mais dinâmica. São ferramentas projetadas de acordo com a natureza dos temas que vamos examinar. Veja a seguir como esses recursos se encontram distribuídos no decorrer desta obra.

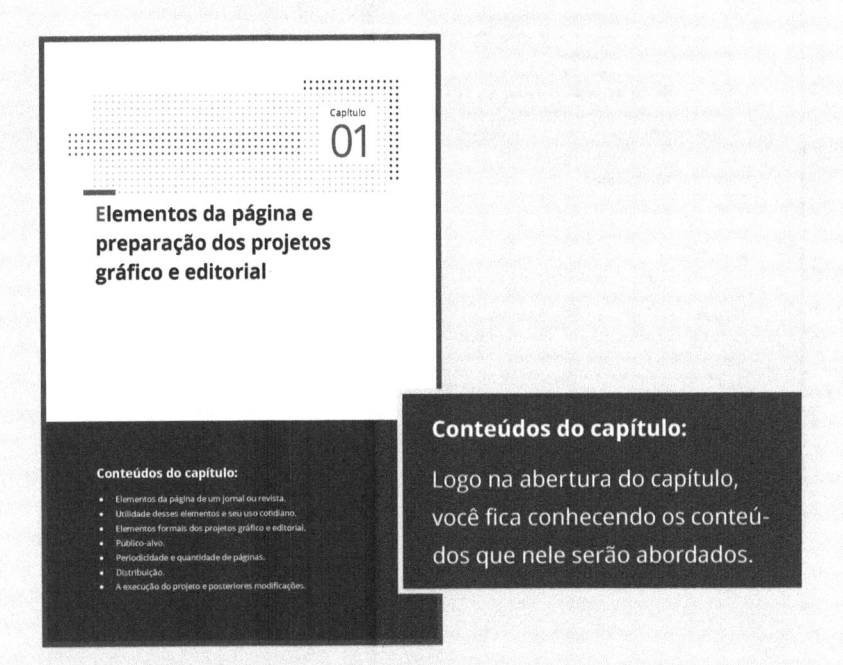

Capítulo
01

Elementos da página e preparação dos projetos gráfico e editorial

Conteúdos do capítulo:
- Elementos da página de um jornal ou revista.
- Utilidade desses elementos e seu uso cotidiano.
- Elementos formais dos projetos gráfico e editorial.
- Público-alvo.
- Periodicidade e quantidade de páginas.
- Distribuição.
- A execução do projeto e posteriores modificações.

Conteúdos do capítulo:
Logo na abertura do capítulo, você fica conhecendo os conteúdos que nele serão abordados.

Diagramação e layout

Após o estudo deste capítulo, você será capaz de:

Você também é informado a respeito das competências que irá desenvolver e dos conhecimentos que irá adquirir com o estudo do capítulo.

Após o estudo deste capítulo, você será capaz de:
1. identificar os elementos de uma página;
2. discernir o tipo de conteúdo adequado a cada um desses elementos;
3. decidir quais elementos são importantes em cada caso;
4. considerar e distinguir as diferentes necessidades de planejamento de uma publicação;
5. listar as decisões a serem tomadas e os padrões a serem estabelecidos em um projeto editorial.

Antes de iniciarmos nossos estudos, é importante analisarmos os diferentes elementos que compõem uma página e a utilidade de cada um. Da mesma forma, precisamos avaliar como identificar os elementos que iremos utilizar – tendo em vista o projeto propriamente dito – e quais são dispensáveis para a publicação, assim como devemos estabelecer regras para essa utilização.[1]

No momento da diagramação, é ideal que tenhamos esses recursos à mão e que façamos o melhor uso deles para conseguir uma composição interessante. No entanto, é válido ressaltar que deixar a página bonita não é a única função desses subsídios,

[1] Nesta obra, utilizamos basicamente exemplos tirados de jornais, visto que os projetos gráficos desse veículo costumam incluir mais elementos do que certos tipos de revistas. Porém, é importante salientar que o tipo, a nomenclatura e o uso desses elementos são comuns para outros tipos de publicações.

nesses casos, às vezes há a possibilidade de negociação, como esticar um pouco o orçamento ou optar por uma tiragem menor de uma edição impressa de boa qualidade.

Conforme podemos perceber, salvo exceções, o formato pode e deve ser negociado. A sugestão quanto ao formato é pôr na balança a praticidade de soluções *standard* – como formatos tradicionais de jornais e revistas – e outras possíveis soluções.

Perguntas & respostas

Poderíamos dizer que o formato é apenas um suporte para o conteúdo?

Não. O formato não é um mero suporte para o conteúdo jornalístico. Ele compõe o conteúdo jornalístico, uma vez que também comunica. Por exemplo, se analisarmos os chamados *tabloides sensacionalistas*, perceberemos que, nesse caso, o formato vai além da proporção de uma página e do aproveitamento de papel, adquirindo seus próprios significados. Outro exemplo de variação de formato pode ser analisado em relação ao público-alvo, como as versões menores de revistas femininas, feitas para caberem nas bolsas das leitoras.

Perguntas & respostas

Nesta seção, o autor responde a dúvidas frequentes relacionadas aos conteúdos do capítulo.

Diagramação e layout

Primeiro, é importante que você saiba que, para que o projeto funcione, é preciso haver a possibilidade de que ele seja executado no tempo hábil para a produção de cada edição. Para isso, são necessários regras e prazos de entrega de matérias e fotografias, especificação do tamanho das matérias – provavelmente em número de caracteres –, entre outras convenções.

É no cotidiano que um projeto gráfico mostra o quão adequado ele é para a publicação. Portanto, tanto na estética quanto na implementação das ferramentas, bem como na definição de como serão diagramadas as páginas, o projeto deve levar em conta as necessidades e peculiaridades do produto.

Estudo de caso

O veículo de comunicação X, pertencente a uma grande capital brasileira, constitui-se em duas publicações básicas: 1) um jornal diário, destinado a pessoas adultas de classe média; e 2) uma revista mensal destinada ao público feminino adolescente.

Uma pequena equipe foi encarregada de criar projetos gráficos para essas duas publicações. Antes de colocarem as mãos na massa, esses profissionais consideraram os seguintes fatores: os públicos-alvo; os nichos de mercado nos quais as

Estudo de caso

Esta seção traz ao seu conhecimento situações que vão aproximar os conteúdos estudados de sua prática profissional.

Importante!

As informações de um estilo vão muito além de fonte, cor, tamanho e entrelinha de um texto.

Para configurar as opções de parágrafo, clique com o botão direito sobre o nome do estilo e escolha a opção *Edit Paragraph Style 1* – você pode até mesmo mudar esse nome para outro mais fácil de achar.

Figura 5.28 – Criação de estilos de parágrafo II

Food trucks ganham espaço no Centro

Tendência chega ao centro da cidade, oferecendo desde pratos rápidos até opções sofisticadas

Após clicar nessa opção, aparecerá a janela da Figura 5.29.

Importante!

Algumas informações importantes da obra aparecem nestes boxes. Aproveite para fazer sua própria reflexão sobre os conteúdos apresentados.

Síntese

Você dispõe, ao final do capítulo, de uma síntese que traz os principais conceitos nele abordados.

Síntese

Neste capítulo, demonstramos que a escolha das famílias tipográficas que serão usadas em um projeto não se limita apenas ao bom gosto de quem as escolhe; é necessário levar em consideração vários aspectos técnicos, legais, econômicos e culturais. Também explicamos que não basta escolher uma família tipográfica adequada se ela não for usada corretamente, levando-se em consideração o tipo de papel, o público-alvo, o idioma do texto, entre outros fatores.

Também indicamos a classificação das fontes, como serifadas e sem serifa, e os pesos, as larguras, os espaçamentos e demais fatores a serem levados em conta ao se escolher uma família tipográfica.

Reforçamos, ainda, que de nada adianta escolher uma família tipográfica adequada se ela não for usada de maneira adequada, com um corpo de texto composto cuidadosamente para garantir sua legibilidade, com atenção ao alinhamento e aos detalhes de caracteres não alfabéticos. Em outras palavras, ao indicarmos que o leitor não deve fazer esforço nenhum para tentar entender onde começa uma linha ou onde o texto continua, conseguimos apresentar de que maneira podemos obter uma produção de qualidade.

Questões para revisão

1. A qual categoria pertence a família tipográfica Helvetica?
   a) Egípcia.
   b) Grotesca.
   c) Insípida.
   d) Humanista.

2. Analise as afirmativas a seguir sobre comprimentos de linhas e assinale a correta:
   a) Uma linha curta é mais difícil de ler.
   b) Uma linha longa é mais fácil de ler.
   c) Se a linha ficar muito longa, é provável que seja possível dividir o espaço em duas colunas menores, o que é mais adequado.
   d) Linhas mais curtas são associadas a uma leitura mais relaxada e a um espaçamento entre letras maior, enquanto linhas mais longas "pedem" letras mais juntas entre si para um ritmo de leitura mais intenso.

3. Qual desses termos está associado a uma maneira de evidenciar a divisão de um texto em vários parágrafos?
   a) Caixa de texto.
   b) Recuo de primeira linha.
   c) *Tracking*.
   d) Alinhamento.

Questões para revisão

Com estas atividades, você tem a possibilidade de rever os principais conceitos analisados. Ao final do livro, o autor disponibiliza as respostas às questões, a fim de que você possa verificar como está sua aprendizagem.

17 - Diagramação e layout

(16) Imagem e cor

Para praticar

1. Invente uma pauta e procure uma fotografia adequada para acompanhá-la – ou então, pegue seu celular ou qualquer aparelho que fotografe e faça sua própria fotografia. Agora, produza vários enquadramentos dessa fotografia: feche em um objeto, deixe ela mais horizontal ou vertical, elimine elementos que você considera desnecessários etc.

2. Vamos continuar nosso projeto gráfico? Chegou a hora de escolher as cores. Pense em quais elementos você precisará de cores. Em boxes? Em alguma chamada? Para separar diferentes seções? Escolha quais cores você vai usar e anote a composição delas. Você pode usar as ferramentas de cores do Adobe InDesign ou procurar alguma on-line.

Para praticar

Com o objetivo de aliar os conhecimentos teóricos adquiridos nas leituras à prática, esta seção propõe atividades que permitem o compartilhamento de informações e experiências.

Bibliografia comentada

Bibliografia comentada

Nesta seção, você encontra comentários acerca de algumas obras de referência para o estudo dos temas examinados.

BRINGHURST, R. Elementos do estilo tipográfico: versão 3.0. Tradução de André Stolarski. São Paulo: Cosac Naify, 2006.

Esse é o livro definitivo sobre tipografia. Com mais de 400 páginas muito bem escritas – Bringhurst também é poeta e tradutor –, essa obra contempla detalhes sobre tipografia com os quais a maioria dos designers sequer cogitou se preocupar.

LUPTON, E. Pensar com tipos. Tradução de André Stolarski. 2. ed. São Paulo: Cosac Naify, 2013.

A estadunidense Ellen Lupton é professora e historiadora de design, e seus métodos de aprendizado valorizam o trabalho manual. Pensar com tipos é uma obra interessante que apresenta o design de uma maneira básica, levando em conta composições com forma e ritmo que podem ajudá-lo posteriormente a diagramar páginas.

SAMARA, T. Grid: construção e desconstrução. Tradução de Denise Bottmann. São Paulo: Cosac Naify, 2007.

Há vários livros que tratam sobre o grid e suas possibilidades, como a obra seminal Grid Systems in Graphic Design, do suíço Josef Müller-Brockmann. No entanto, em Grid: construção e desconstrução, Timothy Samara apresenta um olhar mais contemporâneo sobre o assunto, explorando vários aspectos do grid – não só para a diagramação.

Capítulo
01

Elementos da página e preparação dos projetos gráfico e editorial

Conteúdos do capítulo:

- Elementos da página de um jornal ou revista.
- Utilidade desses elementos e seu uso cotidiano.
- Elementos formais dos projetos gráfico e editorial.
- Público-alvo.
- Periodicidade e quantidade de páginas.
- Distribuição.
- A execução do projeto e posteriores modificações.

Após o estudo deste capítulo, você será capaz de:

1. identificar os elementos de uma página;
2. discernir o tipo de conteúdo adequado a cada um desses elementos;
3. decidir quais elementos são importantes em cada caso;
4. considerar e distinguir as diferentes necessidades de planejamento de uma publicação;
5. listar as decisões a serem tomadas e os padrões a serem estabelecidos em um projeto editorial.

Antes de iniciarmos nossos estudos, é importante analisarmos os diferentes elementos que compõem uma página e a utilidade de cada um. Da mesma forma, precisamos avaliar como identificar os elementos que iremos utilizar – tendo em vista o projeto propriamente dito – e quais são dispensáveis para a publicação, assim como devemos estabelecer regras para essa utilização.[1]

No momento da diagramação, é ideal que tenhamos esses recursos à mão e que façamos o melhor uso deles para conseguir uma composição interessante. No entanto, é válido ressaltar que deixar a página bonita não é a única função desses subsídios,

· · · · ·

1 Nesta obra, utilizamos basicamente exemplos tirados de jornais, visto que os projetos gráficos desse veículo costumam incluir mais elementos do que certos tipos de revistas. Porém, é importante salientar que o tipo, a nomenclatura e o uso desses elementos são comuns para outros tipos de publicações.

uma vez que eles também funcionam como *entradas de leitura*, ou seja, elementos que contêm informações atraentes – textuais ou visuais – e instigam quem está vendo a página a ler a matéria.

Dada essa importância, sabemos que os elementos de composição de página não podem ser desprezados, uma vez que, sem o convite adequado, provavelmente o leitor não se sentirá instigado a ler o texto. Portanto, durante a edição de textos, precisamos saber para que serve cada elemento e que tipo de conteúdo deve constar nele.

1.1 Elementos básicos

Para darmos início às orientações referentes à diagramação e ao layout, primeiramente descreveremos os elementos básicos que compõem a página. Conforme você pode ver a seguir, esses recursos podem ter vários nomes (e até mesmo apelidos), os quais podem variar entre redações e jornalistas – curiosamente, muitos dos apelidos são de peças de roupa. Observe:

- **Fólio**: Está geralmente no alto da página; inclui data, número da página, nome do jornal e, em alguns casos, a seção.
- **Cartola, chapéu ou retranca**: Fica quase sempre no topo da página e tem a função de informar o foco da matéria ou da página, geralmente com uma ou duas palavras.

- **Antetítulo ou suspensório**: Recurso composto por até duas frases que resumem a matéria, a fim de instigar o leitor. Fica localizado antes do título principal.
- **Título**: Salvo raras exceções, tem o maior corpo de texto da página. Dá nome à notícia e chama a atenção para o assunto. Em algumas ocasiões, pode fugir do formato tradicional e ter uma linguagem mais informal.
- **Linha de apoio, gravata, linha-fina, subtítulo ou sutiã**: Complemento do título que apresenta mais informações sobre a matéria. Vem depois do título e tem um corpo maior que o do texto.
- **Lide**: Primeiro parágrafo da matéria. Esse recurso busca responder às questões "Quem?", "O quê?", "Quando?", "Como?", "Onde?" e "Por quê?". O projeto gráfico pode determinar de que maneira o lide deve ser destacado: em negrito, usando uma capitular – aquela letra maior que pode ser usada no começo de um texto – etc.
- **Corpo do texto ou matéria**: Parte em que se desenvolve o conteúdo da notícia ou reportagem.
- **Entretítulo, intertítulo ou quebra**: Título que divide seções, a fim de facilitar a leitura.
- **Fotografias, ilustrações, charges e tiras**: Imagens inseridas na página.

- **Legenda**: Texto que explica ou descreve uma fotografia ou ilustração. Às vezes, é usada de maneira incorreta, sendo aplicada a informações da matéria que deveriam ser colocadas em um olho. Em alguns casos, pode ser dispensada.
- **Infográficos**: Trata-se da combinação de textos e imagens. Os infográficos ficam dentro de boxes ou de outro elemento que os diferencie do resto da página.
- **Assinatura e crédito**: Indicador de autoria de uma matéria, fotografia, infográfico, ilustração etc.
- **Frase ou aspas e olho:** As frases ou aspas são compostas pelo trecho da fala de alguém que foi entrevistado na matéria, enquanto o olho é um tipo de destaque realizado na edição. Alguns desses destaques podem usar um dado numérico da matéria. Os objetivos são proporcionar mais uma entrada de leitura e quebrar a massa de texto. No caso de uma frase de entrevista, é necessário indicar qual dos entrevistados a disse – a menos que seja óbvio.
- **Matéria correlata ou título secundário**: Refere-se a uma matéria secundária subordinada à matéria principal da página. Dependendo do projeto editorial, pode ter sua própria gravata e a autoria indicada de outra maneira. Deve ser diagramada de modo a ser compreendida como parte do mesmo assunto da matéria principal.

- **Boxe**: Texto que complementa a matéria, mas não necessariamente com estrutura textual de matéria. Pode ser um texto corrido, uma opinião, uma série de dicas, uma lista de parágrafos numerados para indicar um processo etc. Geralmente, são usados mais recursos gráficos para diferenciar o boxe das matérias, como separação com linhas, cores de fundo e uso de outra família tipográfica no corpo do texto – para que a cor do texto do boxe gere um tom de cinza diferente do corpo do texto.
- **Serviço**: Texto opcional acrescentado ao final de uma matéria com informações sobre os produtos citados, como endereços, telefones, horários de atendimento e valor de ingressos. É usado geralmente para espetáculos, feiras e afins.

Tente identificar alguns desses elementos na Figura 1.1, que exemplifica a composição de uma página.

Figura 1.1 – Exemplo de página com elementos variados

Caderno Gourmet

Food trucks ganham espaço no Centro

Tendência chega ao centro da cidade, oferecendo desde pratos rápidos até opções sofisticadas

Por atetur re prae. Ovitas asped ex ent occae maio cuptate sed molupta non eligendam verum, ommoluptas nulparc hicidel ignimporibus dem. Eque corem rest, volupiet aliquamus, omninopr aut laut volupta volor moluptation excepudae sam volore delest, ut experessunto maximint que officimin nosapiti id qui omnis minvell uptate quo quatiat quaerum earum doluptatur suntur? Ibusant volo estius si cullum fugitatis susdam, corenienimo offic te vendit il ipsam el lantiis el ipsam quia solorendae ium sam, quam aliquae puditi nihil invelib ernati cor rendio ma sunt adit maior si rerfero bearum si omnim suntotas dit, sequam fugite nobis eum, et ullessum sedit acepermet eic

to eiunt ad quidiae porepre endit et qui que repelestem faccum audictis alibaresti sequasim sit, con nusam utecabore, asintiusdae ex ea non est fugiandantur sa dollis dolesedis acerrum et od et eritaquati blatur? Genim adipsum aut porro corempore velesti nati que nissunt audanducicum vel inctios acium lab iduciustibus soluptatur aceprerferum aliquae laboria temqui cus num ipid molore videndi psandicid miligentio tem eum fugit quis in cum etus, consedio dolent quas et ea natiis debististo invenis doles dolupta turestin rest aut acero tem doluptius exceatectae dolumque num esequi doluptibus nossit vitis quias mint.

Laut audant, ex expedit

Cada vez mais clientes nos procuram para provar nossos pratos. É um sucesso!

Danielle Mesa, chef

et ut offic tem ad que sento eum aut quam quis ilibus derae rest labo. Sunt ommolor asperat milibus corehenihil idebist, ullit, oditaqu atumquam, sum re as solorum in pe cori descit as inctes sit aut quidicil is dolor sinis et volore, sim reic to eumet eatem faccat enet eos ditis vel et repro odis voluptate liquis a qui nonsent aboriae num quidicae.

Caboriberum aut est quia

consed et arum eliam ea vendes dolorerum quodici psumentiam solor moluptatem consene stiaerum fugiate mporum nonsectur molorro ma dolut quo dolo erum voluptatiae saperum hi erit, aut fuga. Axime late verumquam doluptate cusam et evendanditae volorer aeprorume rerum fugias netur? Faccuptatium fuga. Deliati dolumquatur? Qui ant reped quosam, vereicid mod expe con premquas con reheniae cumquos dolorisincte consequat exceaqui te sererserum iscipsum sime dendici voluptis aborem et eum as nonsequatur as eum voluptasimil modictem voluptatquas nes aut et reriatiust etur maximint, sum harum verovid quid quibusae moluptur ab iusdae pligentos,

Receita do chef

to eiunt ad quidiae porepre endit et qui que repelestem faccum audictis alibaresti sequasim sit, con nusam utecabore, asintiusdae ex ea non est fugiandantur sa dollis dolesedis acerrum et od et eritaquati blatur? Genim adipsum aut porro corempore velesti nati que nissunt audanducicum sit lationse expellaccum vel inctios acium lab iduciustibus soluptatur aceprerferum aliquae laboria temqui cus num ipid molore videndi psandicid miligentio tem eum fugit quis in cum etus, consedio dolent quas et

Creatista/Shutterstock

Agora que já nos familiarizamos com os elementos básicos que servem para a composição de uma página, a seguir analisaremos a composição dos projetos gráfico e editorial.

1.2
Preparação do projeto

Nos cursos relacionados à comunicação, como Jornalismo, Publicidade e Propaganda e Design Gráfico, usualmente aprendemos como se escreve uma matéria ou como se diagrama uma página. Em alguns desses exercícios, temos mais liberdade na linguagem e no estilo que vamos usar; contudo, no contexto de uma organização, é necessário manter um **padrão** na diagramação. Isso porque não faz sentido justapor um texto escrito em uma linguagem coloquial, direcionada para adolescentes, e um texto jurídico cheio de termos técnicos, assim como não faz sentido que duas páginas pareçam pertencentes a publicações diferentes.

Nesse sentido, o objetivo de um **projeto editorial** é definir previamente o estilo dos textos – isto é, de que maneira os textos serão escritos –, as padronizações de grafias, os tipos de pautas, as questões éticas que o orientarão, entre muitas outras possibilidades, ou seja, o projeto serve também para dar consistência à publicação para que ela tenha uma personalidade marcada e adequada ao público-alvo.

É interessante ressaltar que o projeto editorial de uma publicação pode influenciar até mesmo o desenho das instalações do jornal. Nos últimos anos, tornou-se comum vermos redações organizadas radialmente, com uma mesa central para jornalistas que editam textos, fotos e vídeos de cada plataforma – impressa ou digital – e linhas de mesas saindo desse centro, ocupadas por jornalistas que produzem conteúdo.

Tudo o que for produzido no contexto do projeto editorial precisa ter uma forma sólida, material, que é definida pelo **projeto gráfico**. Ambos os projetos precisam andar juntos, ser funcionais, o que torna necessário pensar na publicação como um todo. O projeto gráfico precisa ser adequado ao público-alvo e a quem produz a publicação, assim como deve propiciar uma publicação fechada no prazo estipulado, sem gerar esforços desnecessários.

No entanto, apesar de sua funcionalidade e importância, é comum ouvirmos de alguns jornalistas que os projetos gráfico e editorial "engessam" o trabalho. No entanto, no cotidiano de uma publicação, ter padrões estabelecidos poupa o tempo de decisões, e aí está um fator importante. Por exemplo, se está preestabelecida a necessidade de a matéria ser acompanhada de um título e uma gravata, o jornalista não precisará pensar em nenhum elemento além desses – o que poupa tempo e trabalho a quem escreve, edita e diagrama o material.

Para esclarecer melhor a questão do projeto, dividiremos nossas considerações da seguinte maneira: primeiramente, analisaremos a elaboração do projeto, parte prévia ao lançamento de um produto jornalístico; em seguida, veremos a maneira como os projetos gráfico e editorial podem ajudar na produção cotidiana.

1.3
Elaboração do projeto

A elaboração do projeto é a etapa da decisão, ou seja, quando o produto é concebido. Por exemplo: Que tipo de material será (jornal, revista, jornal mural, folheto)? Qual papel será utilizado? Onde o material será impresso? A que público será direcionado?

A princípio, essas podem parecer orientações relevantes apenas para grandes publicações, mas ressaltamos que elas devem ser consideradas também em publicações em pequena escala.

Usualmente, o departamento de *marketing* de editoras e empresas maiores detectam nichos de mercado que valem a pena ser explorados ou têm mais possibilidades de vendas de anúncios – visto que esse departamento guia essas escolhas. A seguir, analisaremos pontualmente cada uma delas.

∴ **Formato, papel, cores e impressão**

É comum que o formato seja o primeiro fator a ser determinado e guie as demais etapas de concepção do produto. Há casos, entretanto, em que a diretoria da publicação ou o cliente já determinaram o formato, tornando essa escolha, muitas vezes, não negociável. Isso pode acontecer devido à existência de um acordo com determinada gráfica ou a questões logísticas. Ainda assim, nesses casos, às vezes há a possibilidade de negociação, como esticar um pouco o orçamento ou optar por uma tiragem menor de uma edição impressa de boa qualidade.

Conforme podemos perceber, salvo exceções, o formato pode e deve ser negociado. A sugestão quanto ao formato é pôr na balança a praticidade de soluções *standard* – como formatos tradicionais de jornais e revistas – e outras possíveis soluções.

Perguntas & respostas

Poderíamos dizer que o formato é apenas um suporte para o conteúdo?

Não. O formato não é um mero suporte para o conteúdo jornalístico. Ele compõe o conteúdo jornalístico, uma vez que também comunica. Por exemplo, se analisarmos os chamados *tabloides sensacionalistas*, perceberemos que, nesse caso, o formato vai além da proporção de uma página e do aproveitamento de papel, adquirindo seus próprios significados. Outro exemplo de variação de formato pode ser analisado em relação ao público-alvo, como as versões menores de revistas femininas, feitas para caberem nas bolsas dos leitores.

Além disso, o papel e a impressão também precisam ser considerados. Para uma revista de moda, o papel *couché* é uma escolha quase óbvia, pois valoriza as fotografias; para um jornal diário, a economia do papel jornal é uma escolha provável. Tanto a revista quanto o jornal provavelmente serão impressos em *offset*, em razão da economia desse sistema de impressão. Já para um jornal mural que tenha 40 lugares onde ser afixado, a impressão a *laser* é uma escolha mais adequada.

∴ Público-alvo

O público-alvo provavelmente é o fator mais importante a ser considerado quando se trata de produção editorial. Afinal, não podemos definir que determinada publicação é direcionada a qualquer pessoa. Isso porque uma publicação feita para "todo mundo", na verdade, não é feita para ninguém.

De maneira geral, podemos selecionar o público por faixa etária, classe econômica, gênero e local de moradia, entre outros fatores similares. Também podemos incluir descrições mais abstratas, como interesses, personalidade e preferências. A definição de *público-alvo*, nesse sentido, serve para orientar a produção do material gráfico e dos textos.

Veja a seguir os exemplos da Figura 1.2. Tratam-se de duas capas de jornal do dia 27 de janeiro de 2017, ambas noticiando o mandado de prisão do empresário Eike Batista.

Figura 1.2 – Exemplos de capas de periódicos diferentes noticiando o mesmo evento

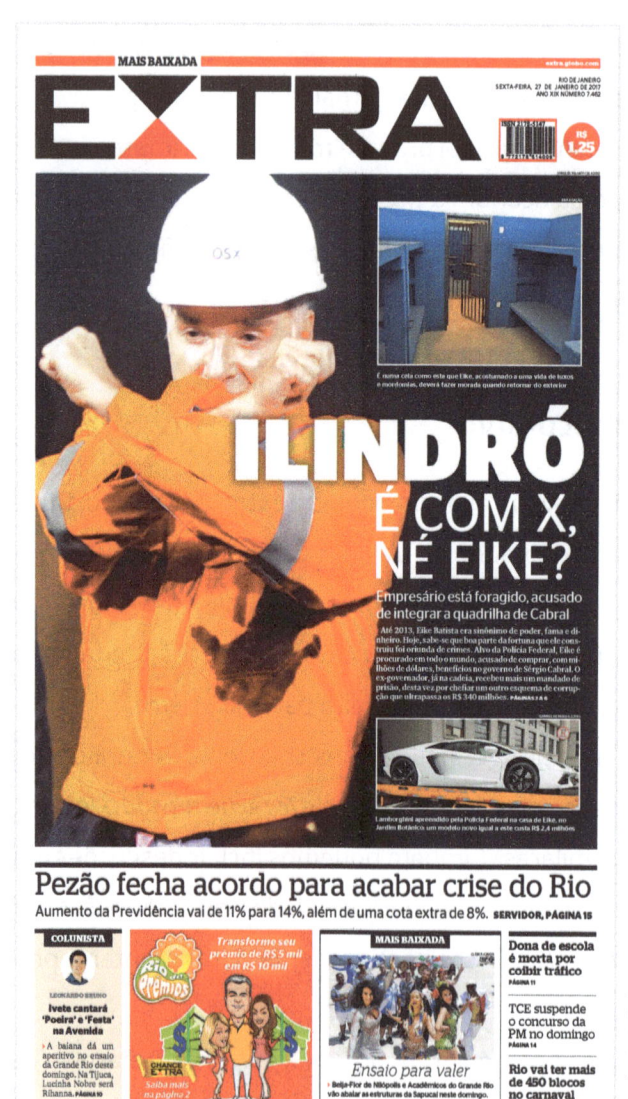

(continua)

(Figura 1.2 – conclusão)

Repare nas diferenças de abordagem, tanto do texto como do uso de imagens: no *Extra*, cuja maioria dos leitores pertence à classe C (52%), a linguagem é mais descontraída (O Extra..., 2018); já na *Folha de S.Paulo*, jornal mais tradicional e com a maioria dos leitores pertencentes à classe B (50%), a linguagem é mais formal (Perfil..., 2018).

Uma boa estratégia para não restringir muito o público é considerar um público-alvo principal e outro secundário. Por exemplo, uma revista destinada a meninas de 15 a 19 anos da classe B pode também ser de interesse de meninas da mesma idade da classe C ou de meninas acima de 19 anos.

Além disso, é importante salientar que o público-alvo pode mudar e que, nesse caso, o produto pode mudar junto. Voltando ao exemplo da nossa revista feminina para adolescentes, imagine que, de acordo com os dados coletados em uma pesquisa de mercado, a revista está sendo consumida cada vez mais por meninas da classe C. Essa informação pode servir para orientar a venda de anúncios e a produção de conteúdo, otimizando a presença da revista no mercado.

∴ Periodicidade e quantidade de páginas

Os itens *periodicidade* e *quantidade de páginas* estão relacionados a vários fatores. Observe alguns deles a seguir:

- O conteúdo será composto por notícias chamadas *quentes*, que devem ser publicadas no dia, ou pelas chamadas *matérias frias*, que podem ser publicadas sem tanta urgência?
- Quantas páginas a equipe consegue produzir, entre textos e imagens?
- Com qual frequência será possível produzir um novo material?
- O departamento comercial conseguirá vender quantos anúncios?
- Há orçamento para imprimir quantas páginas?

Sabemos que jornais diários, revistas semanais e revistas mensais têm matérias com diferentes tempos. A *notícia quente* publicada em um jornal pode ser analisada com mais calma em uma publicação semanal, como uma revista ou um caderno especial. É importante que a periodicidade da publicação esteja de acordo com a urgência das notícias e vice-versa.

Um jornal com notícias internacionais, por exemplo, pode preencher uma página com relativa facilidade, usando matérias e fotografias compradas de agências. Já uma revista de moda precisa de fotografias originais para compor cada página. Considerando esses casos, fica evidente que as duas publicações demandam tempo de produção e custos diferentes, que devem ser calculados na concepção do projeto gráfico/editorial.

∴ Distribuição e logística

Mais dois fatores a serem considerados são a distribuição e a logística, questões que implicam na distância da gráfica, em quais bancas a publicação será distribuída, se será entregue pelo correio, entre várias outras possibilidades. Jornais, por exemplo, costumam ter suas rotativas próximas da cidade, para facilitar a distribuição. Já uma revista mensal pode ter um esquema de distribuição menos rígido, já que os prazos são mais longos.

Além disso, em alguns casos, o formato e o tipo de papel escolhidos para a publicação podem afetar de maneira positiva ou negativa a distribuição. Um papel excessivamente grosso, que resulte em uma revista pesada, pode acarretar em um aumento de custos de envio. Algumas publicações são especialmente pensadas para facilitar e baratear o envio pelo correio.

Importante!

O **orçamento** disponibilizado para publicação é muito importante, pois é por meio dele que se avalia a quantidade de dinheiro que se pretende investir no projeto, com custos de contratações, equipamentos, compra de fotografias de agências e aluguel do local. Após serem definidos os aspectos mais gerais, ainda é necessário avaliar quanto será gasto com a impressão e o tipo de papel, qual será a periodicidade etc. Assim, balancear o orçamento acaba, indiretamente, fazendo parte do projeto editorial.

O primordial até aqui é compreender que a equipe deve estar ciente dos projetos editorial e gráfico, das suas possibilidades e limitações, e trabalhar de acordo com o especificado neles. Não há uma maneira específica de documentar um projeto gráfico, mas é útil ter um livreto reunindo as informações referentes a ele, a fim de facilitar a consulta em caso de dúvidas. Alguns exemplos de páginas e textos podem ser úteis no dia a dia, para lembrarmos quais são as regras e analisarmos se vale a pena quebrá-las em algum caso específico. No entanto, é muito importante que todo mundo esteja disposto a seguir o projeto de boa vontade.

1.4
Cotidiano

Imagine que foi definido o público-alvo, o formato, o suporte em que a publicação será impressa, de onde virão as matérias e quem tratará as fotografias. Após isso, foi feito um piloto[2] da edição, que ficou ótimo. Agora, o desafio é pôr esse mecanismo para funcionar e garantir que a publicação saia sem maiores problemas.

---

2   Edição que não será publicada, feita para treinar e verificar os processos.

Primeiro, é importante que você saiba que, para que o projeto funcione, é preciso haver a possibilidade de que ele seja executado no tempo hábil para a produção de cada edição. Para isso, são necessários regras e prazos de entrega de matérias e fotografias, especificação do tamanho das matérias – provavelmente em número de caracteres –, entre outras convenções.

É no cotidiano que um projeto gráfico mostra o quão adequado ele é para a publicação. Portanto, tanto na estética quanto na implementação das ferramentas, bem como na definição de como serão diagramadas as páginas, o projeto deve levar em conta as necessidades e peculiaridades do produto.

Estudo de caso

O veículo de comunicação X, pertencente a uma grande capital brasileira, constitui-se em duas publicações básicas: 1) um jornal diário, destinado a pessoas adultas de classe média; e 2) uma revista mensal destinada ao público feminino adolescente.

Uma pequena equipe foi encarregada de criar projetos gráficos para essas duas publicações. Antes de colocarem as mãos na massa, esses profissionais consideraram os seguintes fatores: os públicos-alvo; os nichos de mercado nos quais as publicações são vendidas; e as questões orçamentárias, como impressão e distribuição.

Após analisar os resultados de suas pesquisas e pensar em um possível projeto, a equipe definiu que, junto das especificações do projeto gráfico que estavam criando, separariam elementos para facilitar a produção, como folhas de estilos, *templates* e bibliotecas. Isso porque os profissionais levaram em conta que, no dia a dia, quem diagrama uma página não tem tempo de consultar um manual para saber qual a fonte, o tamanho e a entrelinha do texto padrão, pois é mais fácil clicar no botão e aplicar o estilo. Consideraram ainda que, em ambas as publicações, dado o grande número de páginas com o título em quatro colunas e uma foto em três colunas, seria bom disponibilizar uma pronta em uma biblioteca, para que o diagramador pudesse apenas puxar para dentro da página e aplicar o texto. Com isso, foi estabelecido que todos esses elementos deveriam estar prontos e fáceis de serem aplicados.

Tendo esses fatores em mente, a equipe definiu que, com relação à revista mensal, o projeto gráfico poderia ser mais flexível e as pessoas responsáveis poderiam dar mais voz à criatividade, visto que, nesse caso, seria possível diagramar, alterar e revisar a página com mais tranquilidade.

No entanto, na publicação do jornal diário, os profissionais responsáveis pelo projeto precisaram analisar a seguinte questão:

o tempo médio disponível para diagramar uma página deste jornal é de uma hora e a equipe para esse trabalho é pequena. Diante desse impasse, todos concordaram que pequenas chamadas, antetítulos, gravatas e olhos levam tempo para serem escritos, sendo que o excesso desses elementos certamente atrapalharia o fluxo de trabalho. Uma vez que a rigidez dessas regras costuma ser inversamente proporcional ao tempo disponível para a produção, a equipe considerou que, no jornal, não há muito o que fazer além de usar elementos pré-diagramados, inserir os textos e as fotografias, verificar erros e fazer uma revisão apressada. Assim, foi escolhido um projeto gráfico firme, com várias possibilidades, mas com regras rígidas, a fim de garantir que o trabalho seja sempre entregue a tempo.

Conforme já apontamos, há pessoas que acreditam que os projetos gráfico e editorial engessam o trabalho. No entanto, conforme salientamos anteriormente, é preciso cada vez mais que os jornalistas tenham consciência de que seu trabalho pertence a um fluxo maior, sendo necessário que ele se encaixe aos padrões estabelecidos. O bom jornalista saberá entregar o material adequado a cada projeto. Por exemplo, se a publicação prevê antetítulo e título, o texto deve ser entregue contendo esses elementos, sem haver reclamações de que o projeto não prevê uma gravata depois do título. Se foram solicitados 2,5 mil caracteres e o texto ficar com 4 mil, o jornalista somente estará dando mais trabalho ao editor de textos, que precisará adequar o conteúdo à quantidade exigida, ou ao diagramador, que precisará refazer a página para que o excesso caiba. Todas as decisões precisam ser consideradas em conformidade com o projeto, pois, para que as coisas funcionem, todos devem colaborar seguindo o plano original. Esse tipo de melindre não tem lugar em um fluxo de trabalho cujo objetivo é a eficiência.

1.5
Reformas gráficas

É possível que, depois de algum tempo trabalhando com o mesmo projeto gráfico, algumas mudanças sejam necessárias. Isso pode decorrer de diversos fatores, como: a fonte escolhida inicialmente é larga demais, o que obriga os títulos a serem muito curtos; um elemento de página adaptado às necessidades da publicação foi incorporado ao projeto gráfico, mas ainda não foi padronizado; ou ainda uma das cores escolhidas não está saindo bem na gráfica. Então, no meio de tanto remendo e ideias que não deram muito certo, talvez seja a hora de mudar algumas coisas.

Há vários motivos possíveis para uma reforma gráfica, como adequação a uma mudança de público-alvo e aproveitamento de alguma mudança no jornal – por exemplo, aproveitar a troca no sistema usado na diagramação para fazer ajustes ou até mesmo começar do zero.

É possível contratar consultorias externas para essas tarefas. No entanto, esse tipo de consultoria não se limita ao projeto gráfico, visto que abrange todo o projeto editorial. Algumas dessas consultorias chegam até a influenciar na disposição dos móveis na redação, para otimizar os processos de edição.

Síntese

Neste capítulo, apresentamos os elementos que podem compor uma página de jornal ou revista, tais como fólio, título, legenda, boxe, lide e olho. Também demonstramos que cada um deles tem função específica na página, bem como um tipo de conteúdo e texto específicos.

Na sequência, analisamos vários pontos que precisam ser levados em conta ao se elaborarem os projetos gráfico e editorial de uma publicação, tais como formato, papel, cores e impressão, a fim de esclarecer que esses fatores são parte da composição do conteúdo, e não meros suportes.

Outro fator que exploramos foi a primordial importância do público-alvo, esclarecendo que esse é o ponto-base da elaboração de um projeto. Em seguida, discorremos sobre os demais fatores, como periodicidade, quantidade de páginas, distribuição e logística, que são basicamente permeados pelo orçamento de que se dispõe para o projeto.

Por fim, discorremos sobre a aplicação de um projeto no cotidiano de uma publicação e a possível necessidade de reformas de projeto em médio ou longo prazo. Também ressaltamos que, dados todos esses fatores, para que um projeto funcione, não basta estabelecer quais elementos gráficos serão utilizados, pois é necessário fazer pesquisas e orçamentos para que o projeto gráfico faça efetivamente parte de um todo maior, que é o editorial.

Questões para revisão

1. Em qual dos elementos a seguir seria adequado escrever um resumo da matéria?
    a) Legenda.
    b) Olho.
    c) Boxe.
    d) Suspensório.

2. Em uma entrevista com uma escritora famosa, a única foto que você tem para utilizar é uma em que ela está em um evento literário acompanhada de outra escritora de igual expressividade. O que você faria para compor a legenda?

   a) Daria alguma indicação de qual é a entrevistada.

   b) A legenda pode ser dispensada, pois, uma vez que se trata de uma escritora famosa, fica evidente de qual delas estamos falando.

   c) Colocaria na legenda o evento e o local e indicaria qual das duas é a entrevistada.

   d) Colocaria o nome da pessoa que fez a foto.

3. Analise as afirmativas a seguir e classifique-as como verdadeiras (V) ou falsas (F).

   ( ) O maior prazo para fechar uma revista garante liberdade total para quem a diagrama.

   ( ) Em virtude do menor prazo para o fechamento, o projeto gráfico de jornais costuma ser mais rígido, para facilitar o trabalho.

   ( ) Uma diagramação mais rígida é feita mais rapidamente e requer menos diagramadores.

   ( ) Entre muitos fatores que devem ser levados em conta na elaboração de um projeto, o público-alvo é essencial.

Agora, assinale a alternativa que corresponde à sequência correta:

a) V, V, V, F.
b) F, V, V, V.
c) F, V, F, V.
d) F, F, F, V.

4. Você consideraria mais fácil ou mais difícil redigir textos para uma página cujo projeto gráfico exigisse antetítulo, título e gravata? Por quê?

5. Qual a diferença entre indicar o assunto na parte superior da página, no fólio, e indicá-lo abaixo dele, em um antetítulo?

Para praticar

1. Imagine que você é *designer* de uma empresa e precisa elaborar um projeto gráfico de um jornal, jornal mural, revista ou similar. Quais elementos você escolheria? Quais você dispensaria? Por quê? Crie o projeto de acordo com as suas respostas.

2. Quanto custa para imprimir um jornal? Procure gráficas na sua cidade especializadas nesse tipo de serviço e solicite alguns orçamentos. Pergunte o valor por quantidade, formato e cor. Depois, compare os valores e imagine em quais lugares da sua cidade você distribuiria seu jornal. Seria gratuito ou pago? Quantas pessoas seriam necessárias para elaborar o conteúdo? Como a publicação se tornaria viável, financeiramente falando?

Capítulo
02

Tipografia: letras, linhas e parágrafos

Conteúdos do capítulo:

- Classificação tipográfica.
- Variáveis.
- Tipos de números.
- Escolha da família tipográfica.
- Comprimento da linha.
- Espaço entre as linhas.
- Espaço entre as letras.
- Alinhamento.
- Hifenização.
- Uso de caracteres especiais.

Após o estudo deste capítulo, você será capaz de:

1. compreender a importância da tipografia para um projeto gráfico;
2. indicar as necessidades de um projeto gráfico tendo em vista as famílias tipográficas que vão compor o projeto;
3. compreender as diferentes variáveis da composição de textos e suas consequências;
4. escolher as melhores variáveis de acordo com a publicação e a família tipográfica escolhida.

Mesmo quem não é um profissional da área já deve conhecer alguns termos e expressões relacionados à tipografia, como *negrito*, *itálico*, *com serifa* e *sem serifa*. Isso porque a popularização dos *softwares* de edição de texto – Microsoft Word e LibreOffice, por exemplo – facilitou a tarefa de quem precisa elaborar algum tipo de texto, como um currículo ou um trabalho escolar. Tendo isso em vista, neste capítulo, trataremos dos aspectos técnicos e culturais da escrita.

Embora pareça que as fontes tipográficas surgiram com a computação, elas apresentam traços que remetem à caligrafia medieval feita com penas pelos monges copistas. Outro exemplo para desmistificar a associação entre fontes tipográficas e computação são as famílias tipográficas criadas até o início do século XX, como a Johnston, de Edward Johnston, desenhada em 1916 para ser usada nos sinais e na identidade visual do metrô de Londres. Trata-se de uma família tipográfica com forte identidade nacional.

Figura 2.1 – Aviso de precaução no metrô de Londres, composto em Johnston

Vladislav Gajic/Shutterstock

Além dos aspectos culturais presentes na composição de fontes tipográficas, há também os técnicos. No processo de criação de uma fonte, além do desenho de todos os caracteres, é necessário verificar os espaçamentos e até mesmo programar algumas funções, o que demanda muito trabalho. Sempre devemos lembrar disso antes de esticar uma fonte indiscriminadamente, acabando com o cuidadoso trabalho de quem desenhou cada letra, e também ao fazermos orçamentos, nos quais os preços de fonte sempre devem estar inclusos.

2.1
Classificação

Como em qualquer tentativa de se fazer classificações, na tipografia também temos de lidar com as exceções e as diferenças. Portanto, há várias famílias tipográficas que não se encaixam nas categorias que abordaremos a seguir, como as semisserifadas ou as que têm elementos de duas ou mais categorias. Mesmo assim, é importante entendermos essa classificação, ainda que seja para podermos questioná-la depois.

∴ Fontes serifadas

São fontes que apresentam **serifa**, ou seja, pequenos detalhes nos extremos das letras. Essas serifas guiam os olhos na leitura, mantendo o olhar do leitor na linha do texto.

Embora existam muitos tipos de letras serifadas, há aquelas que são consideradas mais tradicionais – como a **Garamond** –, que têm mais de 500 anos. Usualmente, essas letras costumam ter pouco contraste entre os traços verticais e horizontais, além de apresentarem ligação arredondada com as serifas.

No caso das chamadas *serifadas de transição*, como a **Baskerville**, os elementos que compõem a letra são mais retos. Já no caso das fontes serifadas modernas – surgidas no século XIX –, as serifas são mais finas do que os elementos verticais, como a **Bodoni**.

Exemplo 2.1 – Famílias tipográficas serifadas: Garamond (1), Baskerville (2) e Bodoni 72 (3)

(1) Tfgha

(2) Tfgha

(3) Tfgha

Mais recentemente[1], surgiram as chamadas **serifadas egípcias** ou **slabs**, que têm serifas mais ou menos da mesma espessura dos outros traços.

Exemplo 2.2 – Serifada egípcia: Chaparral

Tfgha

Lembre-se sempre que a presença de serifas não é garantia de que o texto ficará legível; é necessário ter cuidado ao compor o texto.

Saber identificar as diferenças entre os tipos de famílias tipográficas serifadas é fundamental para se conseguir um bom uso de tipografia em um projeto.

∴ Fontes sem serifa

As letras sem serifa apareceram mais recentemente na história da tipografia.

---

1   No que se refere à tipografia, o uso do termo *recentemente* pode remeter a décadas ou até mesmo a um século ou mais.

Exemplo 2.3 – Sem serifa grotesca: Helvetica

Tfgha

No modelo chamado *grotesco*, as letras têm espessuras menos variáveis. No Exemplo 2.3, usamos uma fonte onipresente, clássica e propositalmente neutra: a **Helvetica**. Algumas pessoas, no entanto, não gostam dessa fonte e a consideram insípida.

Exemplo 2.4 – Sem serifa humanista: Gill Sans

Tfgha

As fontes sem serifa humanistas remetem à caligrafia e apresentam variação de espessura nos traços. Como exemplo, usamos a **Gill Sans**, fonte inglesa criada na década de 1930.

Exemplo 2.5 – Sem serifa geométrica: Futura

Tfgha

As chamadas *sem serifa geométricas* surgiram em um momento em que o *design*, de modo geral, se inspirou na pureza das formas geométricas. O exemplo mais famoso é a **Futura**, de 1929.

∴ Fontes caligráficas

As fontes caligráficas abarcam toda fonte tipográfica com pretensão de imitar a escrita à mão. Trata-se de um tipo bastante versátil: há categorias mais formais, mais infantis, com mais expressividade, mais retas etc. Um exemplo é a amada e odiada **Comic Sans**, que imita as letras de histórias em quadrinhos. Outro exemplo é a **SignPainter**, que imita o estilo das placas de comércios pintados a pincel.

Exemplo 2.6 – Famílias tipográficas caligráficas: Comic Sans (1) e SignPainter (2)

(1) Tfgha

(2) Tfgha

∴ Fontes decorativas

O termo genérico *decorativas* é usado para as fontes mais divertidas, que imitam certas estéticas. São fontes que não são propícias para textos longos. Um exemplo é a Papyrus, odiada por muitos *designers* e usada no filme *Avatar*, de James Cameron.

Exemplo 2.7 – Família tipográfica decorativa: Papyrus

Tfgha

De maneira geral, devemos evitar esse tipo de fonte, uma vez que ele não tem lugar em um projeto editorial. Ainda assim, são fontes que podem funcionar muito bem em casos específicos – quando são bem escolhidas, bem compostas e apresentam relação com o assunto da página.

Tipografia: letras, linhas e parágrafos

Figura 2.2 – Família tipográfica decorativa usada como parte do título de uma matéria do jornal *Gazeta do Povo*, em 2017

Na Figura 2.2, temos o exemplo de uma página dupla do jornal *Gazeta do Povo*, em que a palavra *socialismo*, que funciona como um título, está composta com letras que remetem à estética construtivista russa, relacionando-se às ilustrações e, claro, ao assunto da matéria.

∴ Dingbats

As *dingbats* são fontes que utilizam símbolos, sinais e outros elementos decorativos em vez de letras, sendo bastante úteis em casos em que esses símbolos são necessários, como quando é preciso incorporá-los no meio do texto. Um exemplo é a Zapf Dingbats, desenhada pelo tipógrafo Hermann Zapf.

Exemplo 2.8 – Família tipográfica dingbat: Zapf Dingbats

2.2
A grande família tipográfica

A classificação que acabamos de apresentar é tradicional, mas não leva em consideração outros fatores importantes para a escolha da fonte mais adequada para o nosso trabalho. As serifadas supostamente são melhores para textos longos. No entanto, como escolher a fonte serifada adequada? Para qual tipo de papel? Podemos usar uma fonte sem serifa para texto?

Lembre-se que há milhares de famílias tipográficas, e essa divisão entre serifadas e sem serifa é simples demais para abarcar todas as possibilidades da tipografia. Então, é mais prático considerarmos outras características para escolher uma família tipográfica que seja adequada a nosso trabalho.

∴ Peso

Quando queremos dar destaque a alguma palavra no meio de um texto, podemos negritá-la, ou seja, fazer com que seus traços fiquem mais grossos. Essa é uma variação no **peso** das letras.

Tipicamente, os tipos têm um peso regular e um *bold* (negrito). Outras famílias têm mais variedades de peso, incluindo pesos mais finos e mais grossos, como a família **TheSans**, da LucasFonts, que tem oito pesos. Não se trata simplesmente de versões "engordadas": cada letra de cada peso foi desenhada dessa maneira.

Exemplo 2.9 – Diferentes pesos da família TheSans

TheSans ExtraLight
TheSans Light
TheSans SemiLight
TheSans
TheSans SemiBold
TheSans Bold
TheSans ExtraBold
TheSans Black

Os pesos não são usados apenas para destacar uma palavra no meio de um texto. Um projeto gráfico pode prever pesos diferentes para diferenciar e dar diferentes identidades a cadernos ou seções. Por exemplo, a *Folha de S.Paulo* usa pesos diferentes da sua própria família tipográfica – a **Folha Serif**, também da

LucasFonts. Nos cadernos principais, costuma-se usar um peso *bold* nos títulos. Nos títulos do caderno especial das Olimpíadas de 2012, no entanto, usou-se um peso *black*, em itálico.

Figura 2.3 – Título composto em uma fonte tipográfica serifada, de peso *black* e em itálico

Vários jornais usam pesos *black* nos títulos do caderno de esportes, pois além de diferenciar o caderno do resto do jornal, há um motivo semântico, relacionado provavelmente à força e ao dinamismo do esporte. Em outras palavras, o peso está sendo usado para transmitir um significado.

Já os pesos mais finos são usados, por exemplo, em revistas de moda ou de cultura, em uma possível associação ao refinamento desses assuntos. No entanto, vale ressaltar que isso não é uma regra. Você pode optar por fazer igual ou diferente, desde que seja bom.

Figura 2.4 – Peso mais *light* da Folha Serif, usado no caderno de cultura

Outros fatores que devem ser levados em consideração, quando se trata de pesos, são os fundos. Em fundos escuros, é recomendável usar um peso maior. Se você tiver à disposição uma família com vários pesos, aproveite esse recurso para compensar a dificuldade de leitura e os possíveis problemas de impressão. A ideia não é diferenciar, mas fazer uma compensação ótica da maneira como percebemos os objetos com fundo claro e com fundo escuro. No Exemplo 2.10, você pode perceber o peso SemiBold da TheSans usado no fundo preto, enquanto, no fundo branco, usamos a TheSans regular.

Caso precise diagramar um texto pequeno em um fundo escuro, componha-o em uma fonte com traços mais espessos. Se você não tiver à sua disposição uma família tipográfica com tantos pesos, usar o negrito já facilita a leitura.

Exemplo 2.10 – Pesos regular e semibold da família TheSans, usados para compensação ótica

fundo branco | fundo preto

É válido ressaltar, ainda, que cada peso é projetado para funcionar dessa maneira e tem um arquivo de fonte separado, com os desenhos de todas as letras feitos cuidadosamente.

Alguns *softwares* costumam "engordar" artificialmente a fonte regular quando não a encontram em sua versão mais pesada. Certifique-se de que isso não aconteça, pois o resultado fica inferior, visto que toda a delicadeza dos traços desaparece. No Exemplo 2.11, perceba a fonte **Minion**, nos pesos regular, *bold* e em um *bold* feito artificialmente, repare na falta de detalhes da versão que chamamos de *engordada*.

Exemplo 2.11 – Minion nos pesos regular, *bold* e na versão "engordada", respectivamente

a a a

O mesmo conselho vale para o itálico: cuide para não usar fontes artificiais. Lembre-se que o itálico é composto por um desenho diferenciado das letras, podendo haver itálicos que sequer são inclinados. Não se trata, portanto, da letra meramente "entortada".

Exemplo 2.12 – Minion nas versões regular, itálico e na versão "entortada" artificialmente, respectivamente

a *a* *a*

∴ **Largura**

Outra forma de variação é a largura. É o que chamamos de *tipos condensados* ou *expandidos*.

Exemplo 2.13 – Alguns tipos mais condensados e mais expandidos

b **n** g a m

Em famílias tipográficas grandes, é comum que haja muitas variedades de largura. Um bom exemplo é a família **Antenna**, que tem as versões normal, condensada, extra condensada e comprimida.

Exemplo 2.14 – Variações de largura da família Antenna

Antenna
Antenna Condensed
Antenna Extra Condensed
Antenna Compressed

Perguntas & respostas

Como podemos usar, no dia a dia, essa variedade de largura?

Podemos aproveitá-la de várias maneiras. Por exemplo, tipos mais condensados permitem que caibam mais palavras em um título. Tipos muito condensados podem gerar efeitos e contrastes interessantes. Porém, não podemos esquecer que o objetivo é que o conteúdo seja lido. Então, usar tipos muito condensados, com o objetivo de fazer caber a maior quantidade possível de texto na página. Não é uma boa ideia.

Vale ressaltar que expandir ou condensar as letras artificialmente também é uma ideia ruim. Como já mencionamos anteriormente, cada letra é desenhada para funcionar em uma proporção; se alterarmos essas proporções, a sutileza dos desenhos se perde.

Exemplo 2.15 – Univers em versões regular, comprimida (desenhada especialmente nessa proporção) e artificialmente "espremida"

Univers
Univers comprimida
Univers espremida

Perceba como a largura do traço, que deveria ser uniforme, fica modificada. Ao comprimir, os traços horizontais ficam proporcionalmente grossos demais. Se expandirmos artificialmente uma fonte para ela ficar mais larga, o resultado será igualmente ruim.

∴ Espaçamento

Na maioria das fontes, as diferentes letras têm diferentes larguras. No entanto, há algumas fontes cujos caracteres têm todos a mesma largura: são as chamadas *monoespaçadas*. No Exemplo 2.16, você poderá perceber uma fonte monoespaçada (Courier) e outra não (Times New Roman). Repare que até os caracteres mais estreitos da fonte Courier têm a mesma largura, e que o desenho é cuidado para manter o espaçamento consistente, apesar dos espaços.

Exemplo 2.16 – Courier e Times New Roman

```
abcdefghij        abcdefghij
ABCDEFGHIJ        ABCDEFGHIJ
klmnopqrst        klmnopqrst
KLMNOPQRST        KLMNOPQRST
uvwxyz!@#$        uvwxyz!@#$
UVWXYZ1234        UVWXYZ1234
1234567890        1234567890
```

Há vários usos para esse tipo de fonte, e um deles é na programação, uma vez que as fontes monoespaçadas facilitam a visualização de estruturas e a organização em código. No entanto, em algumas situações, pode ser necessário prever com exatidão a quantidade de caracteres que cabem em determinado espaço, como em etiquetas de malas diretas.

Outra questão é que é pouco provável que precisemos de fontes monoespaçadas em projetos impressos. Porém, em alguns desses casos, pode ser útil ter uma fonte com números monoespaçados, como na hora de fazer uma tabela, pois eles facilitam a visualização de quantidades. No Exemplo 2.17, repare em como os números da **Meta** ficam desalinhados, enquanto os da **Caecilia** não, facilitando a comparação das quantidades.

Exemplo 2.17 – Meta Serif Book e Caecilia, respectivamente

Tomate	1.453,00	Tomate	1.453,00
Cenoura	1.111,11	Cenoura	1.111,11
Quiabo	1.725,30	Quiabo	1.725,30
Batata	850,00	Batata	850,00
Abóbora	111,11	Abóbora	111,11

A maioria das fontes de texto têm essa característica, embora também haja fontes com versões específicas. Se o seu projeto precisar de tabelas ou esse tipo de listas, verifique se a fonte que você pretende usar tem essa característica. A recomendação é ter pelo menos uma fonte disponível para essas situações, que combine com o resto do projeto.

∴ **Números *old-style***

São chamados *old-style* os números que são desenhados com ascendentes e descendentes.

Exemplo 2.18 – Texto com números em estilos regular e *old-style*, respectivamente

> A Segunda Guerra começou em 1939 e terminou em 1945. Em 1948 foi assinado o tratado

> A Segunda Guerra começou em 1939 e terminou em 1945. Em 1948 foi assinado o tratado

Como você pode perceber no exemplo, os números *old-style* são mais discretos e não aparecem tanto no texto, proporcionando um fluxo de leitura mais suave. Já os números regulares aparecem mais, o que pode ser interessante em alguns casos, como títulos ou tabelas.

2.3
Como escolher uma família tipográfica

Escolher uma família tipográfica para um projeto pode se tornar uma tarefa muito fácil ou impossível. Pode ser fácil porque, se for feita sem muita atenção, é provável que deixemos o projeto com a fonte padrão do *software* – ao ver um texto composto em Minion, já podemos imaginar que o trabalho foi feito no Adobe InDesign, por exemplo.

Pode também ser impossível em virtude das muitas opções pré-instaladas em nossos computadores – isso sem considerar as fontes disponíveis para compra na internet. Por isso, abordaremos aqui os requisitos básicos que devem ser levados em conta na hora de se escolher uma família tipográfica.

∴ Qualidade

De modo geral, o tipo escolhido tem que ser de boa qualidade. Cada caractere é desenhado com linhas (curvas ou retas) e pontos que as unem e determinam sua curvatura. Um tipo bem desenhado não tem pontos excessivos nem curvas desenhadas de maneira torpe.

Outro indicativo de qualidade em uma fonte tipográfica é o espaçamento entre caracteres. Desenhar as letras é a parte divertida do processo e, por isso, muitos tipógrafos amadores desdenham do trabalho de regular os espaçamentos necessários entre as diferentes combinações de letras. Se, no meio de alguma palavra, aparecer um espaço muito grande, ou duas letras mais apertadas que o resto, provavelmente estamos diante de uma fonte de má qualidade. Nesse caso, precisamos avaliar se vale a pena insistir ou se a opção deve ser descartada.

Outro problema é a ausência de alguns caracteres, como acentos, cedilhas e tis. Verifique sempre se a fonte tem todos os caracteres que você irá utilizar e analise se os caracteres especiais, como arroba e cifrão, foram desenhados ou simplesmente copiados de outra fonte.

Esses problemas são típicos de *sites* de distribuição gratuita de fontes, que são repositórios de fontes feitas por amadores, sem qualidade suficiente para o trabalho diário. Considere o uso dessas fontes apenas em casos excepcionais, como uma página especial.

∴ Variações necessárias

Para definir as variações necessárias, você precisa considerar as seguintes questões: O texto precisará de itálico? Negrito? Negrito com itálico? Versalete? Quais dessas variações a família tipográfica escolhida precisa ter? Em alguns casos, um itálico pode ser suficiente, mas, em outros, podem ser necessárias muitas variações, como versaletes.

Chamamos *versalete* quando as letras minúsculas são versões reduzidas das maiúsculas. São letras que deixam palavras em caixa-alta no meio do texto mais elegantes, evitando que fiquem "escandalosas" – ou com um peso maior. No entanto, é preciso cuidar para que essas variações sejam de fato desenhadas, e não inclinadas ou engrossadas automaticamente.

Exemplo 2.19 – Minion em caixa-alta, caixa-baixa e versalete, respectivamente

ABCD | abcd | ABCD

Perguntas & respostas

Se o texto for escrito em outro idioma, os procedimentos são os mesmos?

Se no seu projeto você precisar frequentemente escrever em um idioma que use outro alfabeto, certifique-se de que a fonte escolhida tenha uma versão nesse alfabeto. Outra solução é escolher duas fontes, uma para cada alfabeto, que combinem entre si. Há famílias tipográficas que têm versões para o árabe e para o alfabeto cirílico, por exemplo, mantendo uma unidade visual.

∴ Suporte

A família tipográfica escolhida para o projeto precisa ser adequada à maneira como ela será reproduzida. Por exemplo, a **Artz**, que foi desenhada pelo tipógrafo alemão **Erik Spiekermann** para a oficina de impressão em *letterpress* p98a. O desenho das letras é adequado para ser esculpido em madeira e também para suportar as condições da impressão em *letterpress*. A Artz também tem uma versão eletrônica, que pode ser baixada gratuitamente, usada aqui para compôr o texto da Figura 2.20 – uma tradução e paródia de um cartaz da p98a, originalmente em inglês e composto em outra fonte.

Exemplo 2.20 – Versão traduzida de um pôster da p98a, usando a fonte tipográfica Artz

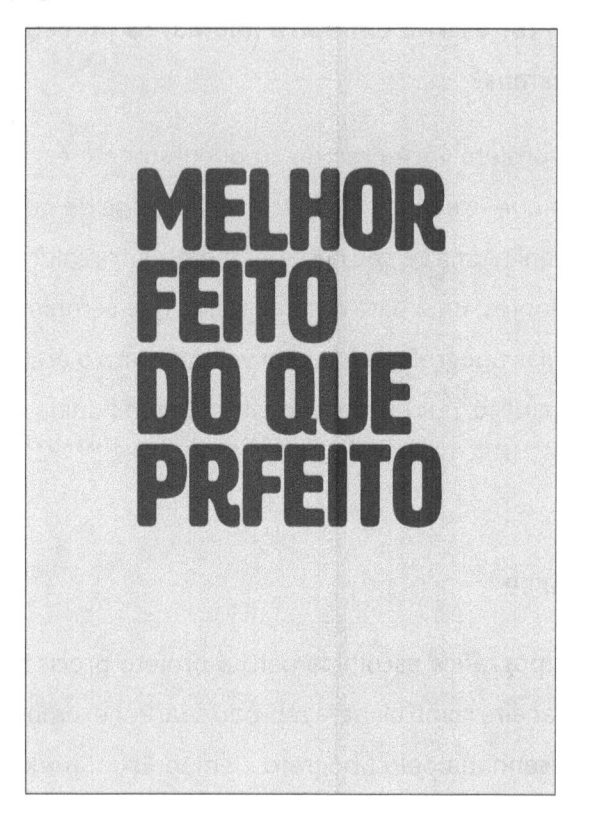

MELHOR
FEITO
DO QUE
PRFEITO

    É claro que provavelmente não nos depararemos com situações tão específicas quanto a da impressão em *woodtype*; ainda assim, sempre temos de saber as características do tipo de papel sobre o qual vamos imprimir. Observe a seguir o papel jornal, que é rústico, áspero, acinzentado e absorvente. Qual o tipo de fonte adequado a esse tipo de papel?

Figura 2.5 – *Fish and chips* embrulhados em papel jornal

Olaf Speier/Shutterstock

Vamos pensar no seguinte: se esse tipo de papel absorve facilmente óleo e até mesmo xixi de cachorro, ele certamente absorverá a tinta do que nele for impressa – é o chamado *ganho de ponto*, do qual falaremos adiante. Além disso, esse papel é áspero e rugoso. Esses fatores todos fazem com que o papel jornal não seja um bom lugar para fontes com traços muito delicados. Devemos escolher, então, fontes preparadas para sobreviver a essas condições.

Bons exemplos de fontes desenhadas para jornal são a **Swift**, de Gerard Unger, e a **Greta**, de Peter Bil'ak, que têm traços firmes, sem detalhes que possam sumir na impressão.

Exemplo 2.21 – Famílias Swift e Greta, respectivamente, projetadas para papel jornal

Arrasado pelo abandono da esposa, o cearense Manuel Nonato Silvino, 32 anos, tentou atear fogo na sua própria residência do bairro Bixiga, à meia-noite de ontem. Segundo vizinhos, Silvino se recuperava do abandono por parte de sua esposa, Inês Silvino, que saiu de casa deixando um bilhete na última quarta-feira.

"Acordei e achei um bilhete de Inês, que dizia que iria com- prar pavio para um lampião que havia ganhado de sua mãe. Ela nunca demorou tanto para voltar; anoiteceu e ela não havia

Arrasado pelo abandono da esposa, o cearense Manuel Nonato Silvino, 32 anos, tentou atear fogo na sua própria residência do bairro Bixiga, à meia-noite de ontem. Segundo vizinhos, Silvino se recuperava do abandono por parte de sua esposa, Inês Silvino, que saiu de casa deixando um bilhete na última quarta-feira.

"Acordei e achei um bilhete de Inês, que dizia que iria comprar pavio para um lampião que havia ganhado de sua mãe. Ela nunca demorou tanto para voltar; anoiteceu e ela não havia voltado ainda", disse Manuel, em reportagem exclusiva. "Procurei-a em tudo que é

bilhete
que iria
ara um
anhado
nunca

prar pavi
que havia
Ela nunca
voltar; a
havia vo

Já o papel *couché* é alvejado, revestido e pouco absorvente, portanto, uma superfície mais propícia para preservar traços finos, fontes com traços refinados ou pesos *thin* e *ultralight*.

Exemplo 2.22 – Helvetica Thin e Bodoni 72, respectivamente

Não tente imprimir isto em corpo 12 em papel jornal.

Vai ficar feio e ilegível.

Pode ser necessário que usemos a mesma família tipográfica no impresso e no digital. Nesse caso, escolha fontes que sejam adequadas às duas situações ou fontes diferentes, adequadas a cada situação.

∴ Tamanho e contraste

A altura é outro fator que diferencia as famílias tipográficas. Sobre isso, você deve saber primeiramente que escolher o tamanho de uma fonte não é garantia de que todas as letras serão do mesmo tamanho. Isso porque há desenhos que, apesar de terem nominalmente o mesmo tamanho de linha, na prática, são maiores do que outros. No Exemplo 2.23, da esquerda para a direita, temos as famílias tipográficas Garamond, Minion, Times New Roman e Caecilia, todas compostas no mesmo tamanho, embora o desenho de umas possa ser maior do que o das outras.

Exemplo 2.23 – Diferenças de proporção nas fontes Garamond, Minion, Times New Roman e Caecilia

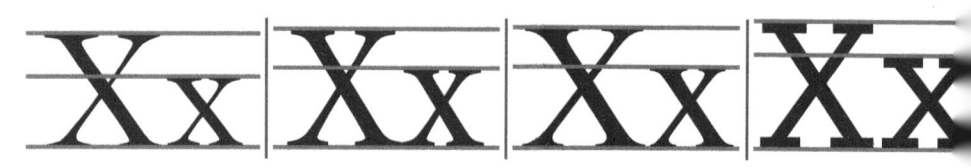

Há ainda famílias nas quais as ascendentes e descendentes são bem mais altas que a altura x, e outras em que essa diferença não é tão grande. No Exemplo 2.24, observe a diferença entre a Garamond corpo 95 e Caecilia corpo 72. A Garamond foi aumentada para que as minúsculas ficassem da mesma altura que as da Caecilia, então, é possível ver como as ascendentes e descendentes da Garamond são proporcionalmente maiores.

Exemplo 2.24 – Garamond corpo 95 e Caecilia corpo 72

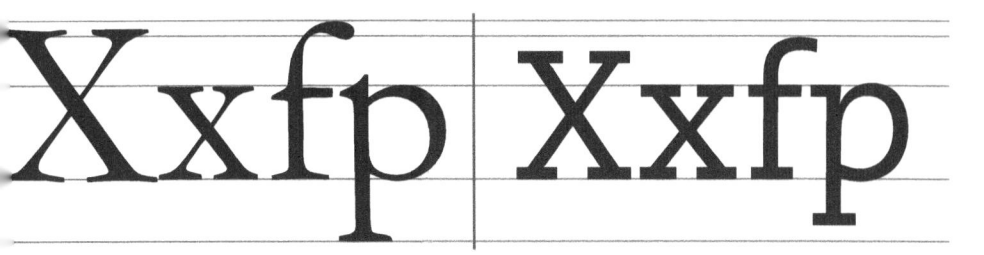

De modo geral, as famílias tipográficas com pouca diferença entre essas alturas exigem menos espaço e entrelinha, o que as fazem boas opções para títulos, por exemplo, e até para textos de revistas ou jornais.

Já famílias tipográficas com maior diferença entre essas alturas precisam de tamanhos um pouco maiores e exigem um pouco mais de branco ao redor, por isso, ficam mais confortáveis em livros e outros textos longos.

∴ Contexto histórico-geográfico e autoria

Bringhurst (2006) sugere que os critérios para se escolher uma família tipográfica podem ser mais subjetivos, como relacionar a história e a origem da fonte ao assunto do texto. Por exemplo, não seria ideal usar uma família tipográfica de herança inglesa, como **Caslon** ou **Baskerville**, para compor um texto sobre história francesa – tendo em vista os séculos de rivalidade entre França e Inglaterra. Claro que uma fonte ser francesa não é o único critério a ser analisado na escolha de uma família tipográfica para compor esse tipo de texto; antes disso, a fonte deve ser adequada para textos longos e devemos adquirir seus direitos de uso.

Nesse tipo de situação poderíamos, por exemplo, valorizar a produção de tipógrafos brasileiros.

Exemplo 2.25 – Bommer Slab, do tipógrafo curitibano Eduilson Coan

---

JORNAL DO TIPO, Nº 3

TIPOGRAFIA

Bommer Slab, nova família tipográfica, é lançada

Ideal para títulos de jornais e revistas, família já está disponível no MyFonts.

| Pouca diferença de altura entre maiúsculas e minúsculas para economizar espaço | A família **Bommer Slab** tem sete pesos, cada um com seu itálico. | Está disponível no MyFonts. |

Observe os traços da **Bommer Slab** no Exemplo 2.25. Como é possível perceber, trata-se de uma fonte com características que a tornam ideal para títulos de jornais e revistas.

∴ Preço

A fonte precisa ser parte do orçamento de um projeto, embora frequentemente não pareça algo pelo qual alguém pagaria. As pessoas veem isso como o pagamento por alguns *kilobytes* de informação, mas na realidade estamos pagando pela pesquisa que foi feita antes do início do projeto, pelo trabalho de desenhar os tipos e de regular o espaçamento, pela personalidade que a fonte dá ao projeto, por sua qualidade, entre muitos outros fatores.

No mercado, você encontrará várias faixas de preço. Por exemplo, fontes disponíveis na **FontShop** custam uma média de 50 dólares. Na **Typotheque**, uma única fonte – sem negritos ou itálicos – custa 90 euros, com desconto para quem comprar mais estilos. Recentemente, há serviços de "aluguel" de fontes, que permitem o uso temporário para executar determinado projeto.

Além disso, para quem não puder ou não quiser pagar, ainda há opções gratuitas, como as fontes que são instaladas junto aos programas da suíte Adobe, sem custo para o usuário. Também há vários *sites* dos quais é possível baixar fontes gratuitas, mas com resultados duvidosos. É típico de quem disponibiliza essas fontes querer fazer só a parte "divertida" – desenhar os tipos – e descuidar da parte de ajustar os espaçamentos, cuidar da fonte, desenhar caracteres para que a fonte seja compatível com vários idiomas etc. Então, de modo geral, é pouco provável encontrar nesses *sites* uma fonte que sirva para um projeto inteiro. No máximo, vamos encontrar fontes para usar em alguma ocasião específica – e nos arrependeremos se tivermos que desenhar uma cedilha ou outro caractere que faltou.

∴ Licença

Não é porque pagamos caro em uma fonte que podemos fazer o que quisermos com ela. Algumas fontes somente podem ser usadas em materiais impressos, enquanto outras têm licenças apenas para *web* – mas não podem ser embutidas em aplicativos. Algumas **fundições**[2] permitem que os arquivos sejam modificados, outras, não. Muitas licenças se baseiam no número de computadores nos quais as fontes podem ser instaladas, já outras são gratuitas para usos não comerciais, o que obviamente inviabiliza seu uso em produtos comerciais.

Recentemente, conforme já mencionamos na seção sobre orçamento, há serviços de assinatura e aluguel de fontes tipográficas, que permitem que a fonte seja instalada em um computador por um limite determinado de tempo, ou enquanto a mensalidade estiver sendo paga. Pagar a mensalidade da Adobe Creative Suite, por exemplo, dá direito a usar as fontes do **Adobe TypeKit**.

---

2   Empresas que produzem e vendem fontes tipográficas continuam sendo chamadas assim, apesar de não produzirem mais tipos de fonte em metal.

Seja qual for a sua opção, lembre-se de verificar quais os limites das licenças e fazer as compras corretas. Se, além do impresso, a fonte será usada de modo *on-line*, você terá de adquirir a licença correta – e pagar a mais por isso. Se as fontes precisarem ser instaladas em mais computadores, pode ser necessário comprar licenças extras.

2.4
Linhas e parágrafos

Agora que já abordamos várias questões sobre famílias tipográficas, as chamadas *fontes*, precisamos ressaltar que tipografia vai além de escolher uma boa fonte, uma vez que é necessário saber o que fazer com elas. Por isso, a partir daqui, vamos falar sobre a tipografia do texto, do parágrafo, da composição de textos e do que é necessário para conseguir parágrafos que convidem a ler o texto.

O objetivo principal, ao escolher uma família tipográfica e ao saber o que fazer com ela, é a legibilidade do texto. Ou seja, quem lê nossos textos não deve fazer esforço nenhum para tentar entender onde começa uma linha, onde o texto continua. Em outras palavras, o leitor não deve forçar o olhar para identificar letras e, por isso, devemos criar um ambiente confortável para que a leitura seja feita sem esforços. Para isso, há vários fatores que devem ser levados em conta, e não basta, portanto, apenas escolher uma família tipográfica adequada e de qualidade, mas, como já mencionamos, saber o que fazer com ela e equilibrar largura de coluna, espaço entre as linhas, espaço entre os caracteres, alinhamentos, entre outros fatores. Precisamos facilitar a tarefa de ler nossos textos e também honrar textos de qualidade com uma composição tipográfica à altura.

∴ Comprimento da linha

Tipicamente, o comprimento das linhas de jornal é curto (em torno de 5 cm) e o de livros é longo (até 10 cm), enquanto o de revistas fica no meio do caminho. Isso porque as linhas estão associadas à velocidade de leitura – no caso do jornal, curta e rápida; no caso do livro, mais tranquila e relaxada.

Exemplo 2.26 – Linhas curtas (jornal)

Exemplo 2.27 – Linhas mais longas (livro)

Por atetur re prae. Ovitas asped ex ent occae maio cuptate sed molupta non eligendam verum, ommoluptas nulparc hicidel ignimporibus dem. Eque corem rest, volupiet aliquamus, omnimpor aut laut volupta volor moluptation excepudae sam volore delest, ut experessunto maximint que officimin nosapiti id qui omnis minvell uptate quo quatiat quaerum earum doluptatur suntur?

No entanto, é preciso ficar atento para não fazer linhas longas demais, porque, se isso ocorrer, por mais que o texto seja composto em uma boa fonte, as serifas mantenham os olhos "no trilho" e o espaçamento entre as linhas seja generoso, o olhar do leitor cansará.

Exemplo 2.28 – Linhas muito longas

Por atetur re prae. Ovitas asped ex ent occae maio cuptate sed molupta non eligendam verum, ommoluptas nulparc hicidel ignimporibus dem. Eque corem rest, volupiet aliquamus, omnimpor aut laut volupta volor moluptation excepudae sam volore delest, ut experessunto maximint que officimin nosapiti id qui omnis minvell uptate quo quatiat quaerum earum doluptatur suntur?

Então, ainda tomando por base o exemplo anterior, vamos pensar que, se há lugar para uma linha longa demais, provavelmente haja lugar para dividir a caixa de texto em duas colunas.

Exemplo 2.29 – Caixa de texto em duas colunas

Por atetur re prae. Ovitas asped ex ent occae maio cuptate sed molupta non eligendam verum, ommoluptas nulparc hicidel ignimporibus dem. Eque corem rest, volupiet aliquamus, omnimpor aut laut volupta volor moluptation excepudae sam volore delest, ut experessunto maximint que officimin nosapiti id qui omnis minvell uptate quo quatiat quaerum earum doluptatur suntur?

Em casos assim, prefira essa solução. Os olhos de quem estiver lendo agradecem.

∴ Espaçamento (*tracking*)

Temos vários recursos para regular o espaçamento entre as letras, também chamado *tracking* ou *entreletra*, de uma linha. Geralmente, opta-se por deixar o espaçamento padrão da fonte, mas, em algumas situações, esse espaçamento é modificado. Linhas mais compridas, como em livros, usualmente têm espaços entreletras mais soltos; já linhas mais curtas pedem espaçamentos não tão soltos.

Exemplo 2.30 – *Tracking* em linhas longas e em linhas curtas

Por atetur re prae. Ovitas asped ex ent occae maio cuptate sed molupta non eligendam verum, ommoluptas nulparc hicidel ignimporibus dem. Eque corem rest, volupiet aliquamus, omnimpor aut laut volupta volor moluptation excepudae sam volore delest, ut experessunto maximint que officimin nosapiti id qui omnis minvell uptate quo quatiat quaerum earum doluptatur suntur?

Por atetur re prae. Ovitas asped ex ent occae maio cuptate sed molupta non eligendam verum, ommoluptas nulparc hicidel ignimporibus dem. Eque corem rest, volupiet aliquamus, omnimpor aut laut volupta volor moluptation excepudae sam volore delest, ut experessunto maximint que officimin nosapiti id qui omnis minvell uptate quo quatiat quaerum earum doluptatur suntur?

Como sempre, a recomendação é deixar o texto respirar, visto que, se o apertarmos demais, as letras começam a encavalar, dificultando a leitura. Deixe esse recurso de "compactação" para ser usado com parcimônia para ajustes pontuais, ou para situações muito específicas.

Exemplo 2.31 – *Tracking* apertado demais

Por atetur re prae. Ovitas asped ex ent occae maio cuptate sed molupta non eligendam verum, ommoluptas nulparc hicidel ignimporibus dem. Eque corem rest, volupiet aliquamus, omnimpor aut laut volupta volor moluptation excepudae sam volore delest, ut experessunto maximint que officimin nosapiti id qui omnis minvell uptate quo quatiat quaerum earum doluptatur suntur?

Modificar o espaçamento é um recurso que pode ser usado, por exemplo, em títulos, para dar sentido a uma palavra e transmitir um conceito.

Exemplo 2.32 – Redução do espaçamento usado na transmissão de conceito

Fim do mês
APERTADO

No Exemplo 2.32, a palavra *apertado* foi escrita com um espaçamento entre letras estreito, a fim de ilustrar seu significado.

Exemplo 2.33 – Espaçamento aumentado para reforço de título

A Ç Õ E S
você ainda vai investir nelas

Essa associação não precisa ser óbvia. No Exemplo 2.33, aumentar o espaçamento reforçou a palavra principal do título, diferenciou as duas partes do título e o deixou mais imponente.

∴ Entrelinha

Como já afirmamos aqui, não compensa espremer o texto para economizar espaço, pois isso pode dificultar a leitura. Perceba que, ao ler, identificamos o que está escrito mais pelo formato das palavras do que pela sequência das letras. Então, para facilitar essa identificação, é necessário que as palavras tenham espaço suficiente ao redor, para que a forma delas seja identificável.

Por isso, o espaço entre as linhas precisa ser adequado, de modo que estas não estejam apertadas demais e que nunca se confundam ou se encostem. Em outras palavras, as linhas precisam estar longe o suficiente para que o olhar do leitor vá para o começo da linha seguinte sem se perder.

Como regra geral, o espaço entre as linhas não deve ser percebido como maior do que o espaço entre as colunas. Caso isso aconteça, verifique se o espaço entre as colunas não está muito pequeno.

Analise o primeiro bloco do Exemplo 2.34, que mostra como um texto com corpo 11 fica com entrelinha 10, ou seja, menor que o corpo de texto. Repare como o **p** quase tromba com os **d** e letras maiúsculas da linha de baixo.

Exemplo 2.34 – Entrelinhas variadas

A mania dos food trucks já chegou ao Centro. Além dos tradicionais restaurantes que cobram por peso, é possível comer na rua mesmo, em pé. A pesquisadora Lorena Miniziel-li adora a variedade, mas não dispensa o conforto de uma mesa.

A mania dos food trucks já chegou ao Centro. Além dos tradicionais restaurantes que cobram por peso, é possível comer na rua mesmo, em pé. A pesquisadora Lorena Miniziel-li adora a variedade, mas não dispensa o conforto de uma mesa.

A mania dos food trucks já chegou ao Centro. Além dos tradicionais restaurantes que cobram por peso, é possível comer na rua mesmo, em pé. A pesquisadora Lorena Miniziel-li adora a variedade, mas não dispensa o conforto de uma mesa.

A entrelinha mínima deve ser do tamanho do corpo do texto, como é o caso do bloco do meio, de corpo 11 com entrelinha 11. Ainda assim, ser generoso com a entrelinha, como no último bloco, com corpo 11 e entrelinha 14, ajuda na leitura, pois separa-se melhor as linhas e deixa-se um espaço em branco suficiente para a identificação de cada letra.

De maneira geral, colunas mais largas pedem uma entrelinha maior, como é o caso dos livros.

∴ Alinhamento

Antes dos computadores, alinhar um texto era uma tarefa difícil que exigia que o texto fosse recortado linha por linha e alinhado manualmente. Atualmente, temos a facilidade de clicar em um botão e decidir facilmente o alinhamento de um texto – embora não devamos abusar desse recurso.

Perceba que, quando lemos um texto, nosso olhar percorre cada uma de suas linhas. Quando uma linha acaba, procuramos o começo da seguinte. Em textos alinhados à esquerda ou justificados, o começo das linhas fica sempre no mesmo lugar. Já em textos alinhados à direita ou centralizados, as linhas não começam sempre no mesmo lugar, o que exige um pouco mais de esforço da parte do leitor.

Exemplo 2.35 – Texto alinhado à esquerda (1) e texto alinhado à direita (2)

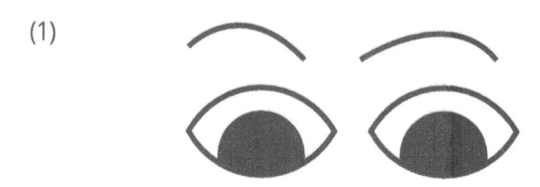

(1)

Por atetur re prae. Ovitas asped ex ent occae maio cuptate sed molupta non eligendam verum, ommoluptas nulparc hicidel ignimporibus dem. Eque corem rest, volupiet aliquamus, omnimpor aut laut volupta volor moluptation excepudae sam volore delest, ut experessunto maximint que officimin nosapiti id qui omnis minvell uptate quo quatiat quaerum earum doluptatur suntur?

(2)

Por atetur re prae. Ovitas asped ex ent occae maio cuptate sed molupta non eligendam verum, ommoluptas nulparc hicidel ignimporibus dem. Eque corem rest, volupiet aliquamus, omnimpor aut laut volupta volor moluptation excepudae sam volore delest, ut experessunto maximint que officimin nosapiti id qui omnis minvell uptate quo quatiat quaerum earum doluptatur suntur?

Por isso, o alinhamento é um recurso que deve ser usado com cuidado. A sugestão é que você use sempre textos justificados ou alinhados à esquerda, e deixe outros alinhamentos para situações específicas. Observe alguma delas a seguir.

- Um poema pode adquirir ar solene se for centralizado.
- Elementos curtos, como olhos, podem aproveitar o alinhamento à direita para se diferenciarem do resto da página.
- Títulos e/ou gravatas podem ter sua hierarquia reforçada com um alinhamento centralizado.
- A assinatura de uma matéria pode ser alinhada à direita.
- Algumas composições de títulos admitem que estes sejam alinhados à direita, para conseguir uma simetria interessante na página.

O mais importante é saber analisar o aspecto mais adequado de transmissão e valorização do conteúdo.

∴ Hifenização

Os *softwares* de edição de texto nos acostumaram à facilidade de justificar um texto – deixar os lados esquerdo e direito retos. Basta clicar em um botão e pronto, temos um texto perfeitamente retangular, sem a borda irregular do texto alinhado a um dos lados.

O que acontece é que, para que isso ocorra, o programa reorganiza as palavras, ajustando as entrelinhas. Quando o texto é justificado e as entrelinhas são aumentadas, podem aparecer esses espaços, apelidados de *dentes de cavalo*, que mancham o "cinza" de uma caixa de texto, por exemplo. O resultado é um texto irregular, que obriga o olhar a pular esses buracos para chegar na palavra seguinte. Nesses casos, quando visto junto ao resto da página, o texto, que deveria ser um retângulo quase perfeito, ganha manchas desagradáveis.

Exemplo 2.36 – Dentes de cavalo

> A mania dos food trucks já chegou ao Centro da cidade. Além   dos   tradicionais restaurantes que cobram por peso, é possível comer na rua mesmo, em pé. A pesquisadora Lorena Minizielli adora a variedade, mas não dispensa o conforto de uma mesa.

Uma das maneiras de solucionar esse problema é adotar o texto alinhado à esquerda. Como suas linhas começam no mesmo lugar, é fácil encontrá-las quando terminamos de ler uma linha e queremos passar para a próxima. Vale ressaltar, então, que não é incorreto usar um texto alinhado à esquerda – várias publicações o fazem. Porém, em algumas situações, como colunas muito estreitas, a margem direita pode ficar irregular demais – veremos mais adiante como solucionar isso.

Exemplo 2.37 – Texto alinhado à esquerda para evitar dentes de cavalo

> A mania dos food trucks já chegou ao Centro da cidade. Além dos tradicionais restaurantes que cobram por peso, é possível comer na rua mesmo, em pé. A pesquisadora Lorena Minizielli adora a variedade, mas não dispensa o conforto de uma mesa.

A outra maneira é apelar para a hifenização. Ela permite que o espaço entre as palavras a ser dividido seja ocupado por parte de uma palavra, conseguindo-se, assim, uma divisão mais equitativa das letras nas linhas.

Exemplo 2.38 – Texto justificado e hifenizado

> A mania dos food trucks já chegou ao Centro da cidade. Além dos tradicionais restaurantes que cobram por peso, é possível comer na rua mesmo, em pé. A pesquisadora Lorena Minizielli adora a variedade, mas não dispensa o conforto de uma mesa.

A hifenização pode ser manual ou automática, mas, no caso de optarmos pela automática, é conveniente ter o dicionário com as regras de hifenização do idioma em que o material foi escrito. Muitas vezes, o *software* utilizado já tem esse dicionário instalado e, nesse caso, basta indicar em qual idioma nosso texto está escrito, para que a hifenização seja aplicada corretamente. Observe, no Exemplo 2.38, como a palavra *dispensa* foi hifenizada incorretamente para o português, pois o idioma considerado para a hifenização foi o italiano.

Exemplo 2.39 – Parágrafo em português hifenizado segundo as regras do italiano

> A mania dos food trucks já chegou ao Centro da cidade. Além dos tradicionais restaurantes que cobram por peso, é possível comer na rua mesmo, em pé. A pesquisadora Lorena Minizielli adora a variedade, mas não dispensa o conforto de uma mesa.

Também podemos – e devemos – configurar a hifenização para que ela não "quebre" certas palavras e também para que não haja muitas linhas consecutivas hifenizadas – o que pode acontecer em textos com excesso de palavras compridas.

É válido ressaltar que também podemos aplicar os hifens manualmente; contudo, isso demanda mais cuidado, pois se for aplicado um hífen manual e o texto posteriormente correr devido a algum ajuste, o hífen continuará lá, mesmo que não seja mais necessário. No Exemplo 2.40, o parágrafo não está com a hifenização automática ligada e pusemos um hífen na palavra *restaurantes*.

Exemplo 2.40 – Antes e depois da hifenização manual da palavra *restaurantes*

| A mania dos food trucks já chegou ao Centro da cidade. Além dos tradicionais restaurantes que cobram por peso, é possível comer na rua mesmo, em pé. A pesquisadora Lorena Minizielli adora a variedade, mas não dispensa o conforto de uma mesa. | A mania dos food trucks já chegou ao Centro da cidade. Além dos tradicionais restaurantes que cobram por peso, é possível comer na rua mesmo, em pé. A pesquisadora Lorena Minizielli adora a variedade, mas não dispensa o conforto de uma mesa. |

Porém, o texto foi editado e a palavra *restaurantes* mudou de lugar. Perceba que no Exemplo 2.41 o hífen aplicado manualmente continuou lá.

Exemplo 2.41 – Hífen manual que ficou no meio do texto

Os food trucks já chegaram ao Centro da cidade. Além dos tradicionais restau-rantes que cobram por peso, é possível comer na rua mesmo, em pé. A pesquisadora Lorena Minizielli adora a variedade, mas não dispensa o conforto de uma mesa.

Para evitar que isso ocorra, devemos usar um caractere especial chamado **hífen discricionário**, que aparecerá apenas quando for necessário e, se o texto correr, ele desaparece. Esse hífen pode ser inserido mediante um atalho de teclado – Ctrl + Shift + tecla do hífen – ou escolhendo o caractere no menu do programa que estivermos usando. No InDesign, fica no menu <u>Type</u> → <u>Insert Special Character</u> → <u>Hyphens and Dashes</u> → <u>Discretionary Hyphen</u>. Nesse caso, é melhor aprender a usar o atalho mesmo.

Os hifens discricionários também são úteis em textos hifenizados automaticamente (por exemplo, para pôr hífen em uma palavra que o InDesign não hifenizou).

Outra situação com a qual podemos nos deparar são as palavras hifenizadas que não queremos que sejam separadas. Nesse caso, podemos substituir o hífen normal por um hífen não separável – <u>Nonbreaking Hyphen</u> –, que vai manter a palavra unida mesmo que a linha quebre. No Exemplo 2.42, substituímos um hífen comum em "Botujuru-PR" por um hífen não separável, que manteve o nome da cidade junto da sigla do estado.

Exemplo 2.42 – Hífen não separável aplicado no nome da cidade

A mania dos food trucks já chegou ao Centro de Botujuru-PR. Além dos tradicionais restaurantes que cobram por peso, é possível comer na rua mesmo, em pé. A pesquisadora Lorena Minizielli adora a variedade, mas não dispensa o conforto de uma mesa.	A mania dos food trucks já chegou ao Centro de Botujuru-PR. Além dos tradicionais restaurantes que cobram por peso, é possível comer na rua mesmo, em pé. A pesquisadora Lorena Minizielli adora a variedade, mas não dispensa o conforto de uma mesa.

Outro recurso para equilibrar textos é o espaçamento entre as letras. No Exemplo 2.43, foi aplicada a hifenização automática, mas ainda há dentes de cavalo na terceira linha. No parágrafo da direita, o espaço entre letras da terceira linha foi reduzido um pouquinho, para que a palavra *que* coubesse e eliminasse os espaços. Preste atenção que foi "um pouquinho". Nada de ficar espremendo letras com a desculpa de melhorar a hifenização.

Exemplo 2.43 – Texto antes e depois do ajuste de espaçamento

A mania dos food trucks já chegou ao Centro da cidade. Além dos tradicionais restaurantes que cobram por peso, é possível comer na rua mesmo, em pé. A pesquisadora Lorena Minizielli adora a variedade, mas não dispensa o conforto de uma mesa.	A mania dos food trucks já chegou ao Centro da cidade. Além dos tradicionais restaurantes que cobram por peso, é possível comer na rua mesmo, em pé. A pesquisadora Lorena Minizielli adora a variedade, mas não dispensa o conforto de uma mesa.

Até agora, tratamos da hifenização como recurso para deixar um texto justificado mais uniforme, mas ela também pode – e deve – ser usada em textos com outros alinhamentos. Em textos alinhados à esquerda, palavras muito compridas não causam dentes de cavalo, mas podem causar espaços grandes no final das linhas, que podem ser confundidos com finais de parágrafo. O resultado da hifenização em alinhamento à esquerda é um texto que parece muito com o justificado e que elimina por completo a preocupação com os dentes de cavalo.

Exemplo 2.44 – Texto alinhado à esquerda, com e sem hifens

A mania dos food trucks já chegou ao Centro da cidade. Além dos tradicionais restaurantes que cobram por peso, é possível comer na rua mesmo, em pé. A pesquisadora Lorena Minizielli adora a variedade, mas não dispensa o conforto de uma mesa.	A mania dos food trucks já chegou ao Centro da cidade. Além dos tradicionais restaurantes que cobram por peso, é possível comer na rua mesmo, em pé. A pesquisadora Lorena Minizielli adora a variedade, mas não dispensa o conforto de uma mesa.

Por último, devemos nos lembrar de desligar a hifenização em elementos nos quais ela é indesejada, como em títulos. A harmonia do título depende das palavras escolhidas – aqui é necessária a colaboração do responsável pela edição dos textos da página.

∴ Contrastes

Uma característica apreciada nos textos é o chamado *cinza*. Isso ocorre quando, ao abstrairmos as linhas e entrefecharmos os olhos para borrar a imagem, podemos perceber as caixas de texto como retângulos cinzas.

O cinza das caixas de texto pode ser conseguido por meio das configurações que já mencionamos. Uma caixa com letras maiores, mais apertadas e justificadas será de um cinza mais escuro do que uma caixa com espaçamento entre letras e linhas mais generoso. No Exemplo 2.45, temos dois parágrafos compostos com a mesma fonte: Minion. O da esquerda está em corpo 12, entrelinha 12, e com *tracking* de −10. O da direita está em corpo 10, entrelinha 12, e *tracking* de 20.

Exemplo 2.45 – Exemplos de tom de cinza dos textos

Laut audant, ex expedit et ut offic tem ad que sento eum aut quam quis ilibus derae rest labo. Sunt ommolor asperat milibus corehenihil idebist, ullit, oditaqu atumquam, sum re as solorum in pe cori descit as inctes sit aut quidicil is dolor sinis et volore, sim reic to eumet eatem faccat enet eos ditis vel et repro odis voluptate liquis a qui nonsent aboriae num quidicae.	Laut audant, ex expedit et ut offic tem ad que sento eum aut quam quis ilibus derae rest labo. Sunt ommolor asperat milibus corehenihil idebist, ullit, oditaqu atumquam, sum re as solorum in pe cori descit as inctes sit aut quidicil is dolor sinis et volore, sim reic to eumet eatem faccat enet eos ditis vel et repro odis voluptate liquis a qui nonsent aboriae num quidicae.

Essa diferença pode ser aproveitada para diferenciarmos os elementos de um texto, como boxes ou matérias correlatas. No Exemplo 2.46, foram usadas duas famílias tipográficas diferentes para se alcançar dois tons de cinza. À esquerda, Minion 11 com entrelinha 12; e à direita, PT Sans 9.2 com entrelinha 12. A **PT Sans**, depois de ter o seu tamanho ajustado, consegue um tom de cinza um pouco mais claro que a Minion.

Exemplo 2.46 – Diferentes tons de cinza dos textos

Laut audant, ex expedit et ut offic tem ad que sento eum aut quam quis ilibus derae rest labo. Sunt ommolor asperat milibus corehenihil idebist, ullit, oditaqu atumquam, sum re as solorum in pe cori descit as inctes sit aut quidicil is dolor sinis et volore, sim reic to eumet eatem faccat enet eos ditis vel et repro odis voluptate liquis a qui nonsent aboriae num quidicae.	Laut audant, ex expedit et ut offic tem ad que sento eum aut quam quis ilibus derae rest labo. Sunt ommolor asperat milibus corehenihil idebist, ullit, oditaqu atumquam, sum re as solorum in pe cori descit as inctes sit aut quidicil is dolor sinis et volore, sim reic to eumet eatem faccat enet eos ditis vel et repro odis voluptate liquis a qui nonsent aboriae num quidicae.

Em alguns casos, essas diferenças podem ser suficientes para diferenciar dois blocos de texto, tornando desnecessário o uso de elementos como boxes, fios e fundos.

∴ Facilitando a navegação pelos parágrafos

Até agora, falamos de diversos recursos que se aplicam aos textos. Porém, é necessário pensar que os textos podem precisar de subdivisões e recursos para diferenciar suas partes e ajudar no entendimento de sua estrutura.

Por exemplo, uma frase que acaba quando ainda há espaço na coluna pode ser um indicador de que esse parágrafo acabou e vai começar outro. Porém, em algumas situações, pode ser ambíguo se o começo da frase seguinte é um novo parágrafo ou não.

Exemplo 2.47 – Parágrafos sem recuo de primeira linha

Por atetur re prae. Ovitas asped ex ent occae maio cuptate sed molupta non eligendam verum, ommoluptas nulparc hicidel ignimporibus dem. Eque corem rest, volupiet aliquamus, omnimpor aut laut volupta volor moluptation excepudae sam volore delest, ut experessunto maximint que officimin nosapiti id qui omnis minvell uptate quo quatiat quaerum earum doluptatur suntur?
Ibusant volo estius si cullum fugitatis susdam, corenienimo offic te vendit il ipsam et lantiis el ipsam quia solorendae ium sam, quam aliquae puditi nihil invelib ernati cor rendio ma sunt adit maior si rerfero bearum si omnim suntotas dit, sequam fugite nobis eum, et ullessum sedit aceperumet eic to eiunt ad quidiae porepre endit et qui que repelestem faccum audictis aliberesti sequasim sit, con nusam utecabore, asintiusdae ex ea non est fugiandantur sa dollis dolesedis acerrum et od et eritaquati blatur?

Essa ambiguidade pode ser resolvida com o chamado ***recuo de primeira linha***, que é uma pista dada pelo texto de que ali está começando um novo parágrafo. Além disso, lembre-se de que evidenciar a divisão em parágrafos ajuda a navegação pelo texto, deixando-o mais convidativo e menos amedrontador.

É típico, entre usuários de *softwares* de edição de texto, criar esse recuo inserindo um espaço com a tecla *Tab*, ou com vários espaços seguidos, mas isso pode causar problemas. Sempre determine esse espaço nas configurações de parágrafo do programa que você estiver usando.

Exemplo 2.48 – Parágrafos com recuo de primeira linha aplicado

    Por atetur re prae. Ovitas asped ex ent occae maio cuptate sed molupta non eligendam verum, ommoluptas nulparc hicidel ignimporibus dem. Eque corem rest, volupiet aliquamus, omnimpor aut laut volupta volor moluptation excepudae sam volore delest, ut experessunto maximint que officimin nosapiti id qui omnis minvell uptate quo quatiat quaerum earum doluptatur suntur?

    Ibusant volo estius si cullum fugitatis susdam, corenienimo offic te vendit il ipsam et lantiis el ipsam quia solorendae ium sam, quam aliquae puditi nihil invelib ernati cor rendio ma sunt adit maior si rerfero bearum si omnim suntotas dit, sequam fugite nobis eum, et ullessum sedit aceperumet eic to eiunt ad quidiae porepre endit et qui que repelestem faccum audictis aliberesti sequasim sit, con nusam utecabore, asintiusdae ex ea non est fugiandantur sa dollis dolesedis acerrum et od et eritaquati blatur?

É possível, ainda, configurar o texto para que ele crie um espaço entre dois parágrafos, o que pode ser útil em algumas situações e evita o uso desnecessário da tecla *Enter*. Além disso, prefira aumentar o espaço entre os parágrafos em vez de acrescentar parágrafos vazios, pois isso evita problemas quando o texto corre pelas colunas.

No Exemplo 2.49, perceba que, no texto da esquerda, foram usados *enters*; já no da direita, o espaço entre os parágrafos foi configurado do mesmo tamanho da entrelinha, para que o efeito seja o mesmo. Perceba que na segunda coluna do primeiro exemplo há um espaço a mais. Isso acontece porque os programas de edição trabalham de forma diferente. Visto que, na maioria dos casos, o *Enter* é identificado como um parágrafo vazio, ele vai continuar aparecendo.

Exemplo 2.49 – Diferença entre o uso de *Enter* (1) e o uso da configuração de parágrafos (2)

(1) Por atetur re prae. Ovitas asped ex ent occae maio cuptate sed molupta non eligendam verum, ommoluptas nulparc hicidel ignimporibus dem. Eque corem rest, volupiet aliquamus, omnimpor aut laut volupta volor moluptation excepudae sam volore delest, ut experessunto maximint que officimin nosapiti id qui omnis minvell uptate quo quatiat quaerum earum doluptatur suntur?

Ibusant volo estius si cullum fugitatis susdam, corenienimo offic te vendit il ipsam et lantiis el ipsam quia solorendae ium sam, quam aliquae puditi nihil invelib ernati cor rendio ma sunt adit maior si rerfero bearum si omnim suntotas dit, sequam fugite nobis eum, et ullessum sedit aceperumet eic to eiunt ad quidiae porepre endit et qui que repelestem faccum audictis aliberesti sequasim sit, con nusam utecabore, asintiusdae ex ea non est fugiandantur sa dollis dolesedis acerrum et od et eritaquati blatur?

Genim adipsum aut porro corempore velesti nati que nissunt audanduciur sit lationse expellaccum vel inctios acium lab iduciustibus soluptatur aceprerferum aliquae laboria temqui cus num ipid molore videndi psandicid miligentio tem eum fugit quis in cum etus, consedio dolent quas et ea natiis debististo invenis doles dolupta turestin rest aut acero tem doluptius exceatectae dolumque num esequi doluptibus nossit vitis quias mint.

Laut audant, ex expedit et ut offic tem ad que sento eum aut quam quis ilibus derae rest labo. Sunt ommolor asperat milibus corehenihil idebist, ullit, oditaqu atumquam, sum re as solorum in pe cori descit as inctes sit aut quidicil is dolor sinis et volore, sim reic to eumet eatem faccat enet eos ditis vel et repro odis voluptate liquis a qui nonsent aboriae num quidicae.

(continua)

(Exemplo 2.49 – conclusão)

(2) Por atetur re prae. Ovitas asped ex ent occae maio cuptate sed molupta non eligendam verum, ommoluptas nulparc hicidel ignimporibus dem. Eque corem rest, volupiet aliquamus, omnimpor aut laut volupta volor moluptation excepudae sam volore delest, ut experessunto maximint que officimin nosapiti id qui omnis minvell uptate quo quatiat quaerum earum doluptatur suntur?

Ibusant volo estius si cullum fugitatis susdam, corenienimo offic te vendit il ipsam et lantiis el ipsam quia solorendae ium sam, quam aliquae puditi nihil invelib ernati cor rendio ma sunt adit maior si rerfero bearum si omnim suntotas dit, sequam fugite nobis eum, et ullessum sedit aceperumet eic to eiunt ad quidiae porepre endit et qui que repelestem faccum audictis aliberesti sequasim sit, con nusam utecabore, asintiusdae ex ea non est fugiandantur sa dollis dolesedis acerrum et od et eritaquati blatur?

Genim adipsum aut porro corempore velesti nati que nissunt audanduciur sit lationse expellaccum vel inctios acium lab iduciustibus soluptatur aceprerferum aliquae laboria temqui cus num ipid molore videndi psandicid miligentio tem eum fugit quis in cum etus, consedio dolent quas et ea natiis debististo invenis doles dolupta turestin rest aut acero tem doluptius exceatectae dolumque num esequi doluptibus nossit vitis quias mint.

Laut audant, ex expedit et ut offic tem ad que sento eum aut quam quis ilibus derae rest labo. Sunt ommolor asperat milibus corehenihil idebist, ullit, oditaqu atumquam, sum re as solorum in pe cori descit as inctes sit aut quidicil is dolor sinis et volore, sim reic to eumet eatem faccat enet eos ditis vel et repro odis voluptate liquis a qui nonsent aboriae num quidicae.

Também é interessante diferenciar os tipos de texto dentro de um texto maior, como no caso de uma entrevista, que precisa ser separada em perguntas e respostas. Seria possível resolver essa questão apenas colocando indicadores como "P:" e "R:", mas esses recursos podem ser complementados e até substituídos por recursos tipográficos, a fim de melhorar a qualidade. As perguntas, por exemplo, podem ter peso maior, cor diferente e outro alinhamento.

No Exemplo 2.50, temos um parágrafo com a diferenciação entre pergunta e resposta somente pelo texto. No segundo, diferenciamos a pergunta e a resposta pelo recuo – caso as respostas fossem extensas, o mais adequado seria a pergunta recuada. No terceiro, acrescentamos um espaçamento de 6 pontos antes de cada pergunta. No quarto, reforçamos mais ainda a pergunta colocando-a em itálico.

Exemplo 2.50 – Recursos tipográficos usados em textos de entrevistas

(1) P: O que você acha dos food trucks?
R: Gosto da comida, mas não de comer na rua. Não dispenso ir no restaurante, sentar à mesa, estar confortável.
P: Mas tem alguns food trucks com mesas e banheiro.
R: Ah, mas pra isso vou no restaurante, nem dá pra chamar de food truck!

(2) O que você acha dos food trucks?
Gosto da comida, mas não de comer na rua. Não dispenso ir no restaurante, sentar à mesa, estar confortável.
Mas tem alguns food trucks com mesas e banheiro.
Ah, mas pra isso vou no restaurante, nem dá pra chamar de food truck!

(3) O que você acha dos food trucks?
Gosto da comida, mas não de comer na rua. Não dispenso ir no restaurante, sentar à mesa, estar confortável.
Mas tem alguns food trucks com mesas e banheiro.
Ah, mas pra isso vou no restaurante, nem dá pra chamar de food truck!

(4) *O que você acha dos food trucks?*
Gosto da comida, mas não de comer na rua. Não dispenso ir no restaurante, sentar à mesa, estar confortável.
Mas tem alguns food trucks com mesas e banheiro.
Ah, mas pra isso vou no restaurante, nem dá pra chamar de food truck!

Podemos mencionar também os textos acadêmicos, nos quais citações diretas longas precisam ser diferenciadas de alguma maneira. Geralmente, isso é feito por meio de espaços antes e depois da citação e de um recuo na margem esquerda.

Outro recurso interessante são os chamados *intertítulos*, títulos que ficam dentro do corpo do texto e o separam em seções, podendo ser usados para organizar melhor o texto e como recurso para ajustar o tamanho de um texto que ficou muito curto e precisa crescer uma ou duas linhas. Eles não são muito maiores que o texto no qual estão inseridos e podem se diferenciar apenas pelo peso e pelo alinhamento.

Aproveitando que estamos tratando de intertítulos, vamos atentar para um problema que pode acontecer quando usamos textos com recuos de primeira linha. No Exemplo 2.51, veja que, à esquerda, o título já tinha um recuo de primeira linha e foi centralizado a partir dele. Perceba que ele está centralizado com relação à primeira linha, não à largura da coluna; já à direita, o intertítulo não tem recuo de primeira linha, então está centralizado com relação à coluna.

Exemplo 2.51 – Centralizações de intertítulo com e sem recuo de primeira linha

A mania dos food trucks já chegou ao Centro. Além dos tradicionais restaurantes que cobram por peso, é possível comer na rua mesmo, em pé.	A mania dos food trucks já chegou ao Centro. Além dos tradicionais restaurantes que cobram por peso, é possível comer na rua mesmo, em pé.
Preferências A pesquisadora Lorena Minizielli adora a variedade, mas não dispensa o conforto de uma mesa.	**Preferências** A pesquisadora Lorena Minizielli adora a variedade, mas não dispensa o conforto de uma mesa.

Devemos sempre ficar atentos e esses recuos, principalmente na elaboração de estilos de parágrafos. Vale lembrar que usamos o intertítulo apenas como exemplo, mas é bom ficar atento a outras situações, como ao usarmos poemas e letras de música.

∴ Viúvas e órfãs

Ao final de uma coluna ou de uma página, pode ser que haja espaço apenas para a primeira linha do parágrafo seguinte. A essa linha damos o apelido de *órfã*.

Exemplo 2.52 – Linha órfã

O que você acha dos food trucks?
   Gosto da comida, mas não de comer na rua. Não dispenso ir no restaurante, sentar à mesa, estar confortável.

Mas tem alguns food trucks com mesas e banheiro.
   Ah, mas pra isso vou no restaurante, nem dá pra chamar de food truck!

De maneira similar, damos o apelido de *viúva* à última linha de um parágrafo que foi parar no início da coluna ou página seguinte.

Exemplo 2.53 – Linha viúva

O que você acha dos food trucks?
Gosto da comida, mas não de comer na rua. Não dispenso ir no restaurante, sentar à mesa, estar confortável.

Mas tem alguns food trucks com mesas e banheiro.
Ah, mas pra isso vou no restaurante, nem dá pra chamar de food truck!

Ao compor as páginas, tente evitar essas situações. Uma possibilidade é quebrar a coluna manualmente, para que o parágrafo inteiro passe para a outra coluna, ou ajustar o espaçamento entre letras – sem exageros – para que fiquem pelo menos duas linhas na mesma coluna ou página. Também é possível configurar os estilos do InDesign para que isso não aconteça. Em alguns casos, pode ser necessário editar o texto.

∴ O cuidado com caracteres especiais

Para se ter textos bem cuidados, é preciso ter atenção com caracteres especiais, pontuações, sinais e textos em outros idiomas. As aspas são um exemplo de caracteres que costumam escapar com frequência. *Softwares* de edição de texto e programas de paginação abrem e fecham aspas automaticamente, mas às vezes eles se "confundem". Por isso, você deve sempre se certificar de que eles estejam funcionando corretamente e lembrar que cada idioma tem suas próprias regras e até outros caracteres para as aspas.

Exemplo 2.54 – Diferenças entre aspas duplas, aspas simples e outros sinais

"aspas duplas"
'aspas simples'
6′5″
seis pés e cinco polegadas
3:45′33″
três horas, quarenta e
cinco minutos, trinta e
três segundos

Travessões também são caracteres confusos de se usar, pois apresentam vários tipos. Um exemplo são os travessões **eme** e **ene**, chamados assim por apresentarem a largura das letras M e N, respectivamente.

Exemplo 2.55 – Diferenças entre travessões e hífen

— travessão eme
– travessão ene
- hífen

De acordo com Bringhurst (2006), a aplicação dos travessões e do hífen devem respeitar a seguinte nomenclatura: travessão eme para diálogos; travessão ene em aparições no meio do texto e para nomes de ônibus, trens, pontes ou qualquer coisa que ligue dois lugares; e hífens para ligar palavras.

Exemplo 2.56 – Exemplos de uso de travessões e hífen

> — Você trouxe o dinheiro?
> — Sim – respondeu enquanto mostrava as notas verde-escuro.
> A dupla então atravessou a ponte Rio–Niterói.

No entanto, você sempre deve se lembrar que essas são as sugestões de padronização de Bringhurst (2006), e não se trata, portanto, de uma regra rígida. São aspectos que poderão variar de acordo com a obra e as padronizações da editora, entre outros fatores. O importante é manter um padrão na publicação e usar sempre o mesmo sinal nas mesmas situações.

Há outros caracteres com os quais você precisa ter cuidado, como marca registrada (®), frações (prefira usar ¼ em vez de 1/4) e sinais matemáticos (prefira 3 × 4 em vez de 3 x 4, e 6 ÷ 2 em vez de 6/2). Como você pode perceber, eles são muitos, então é válido ter à mão uma lista dos caracteres especiais e seus atalhos. Verifique quais caracteres são de uso mais frequente e memorize-os; peça a colaboração de quem for escrever o texto para já escrevê-lo mantendo os padrões combinados.

Síntese

Neste capítulo, demonstramos que a escolha das famílias tipográficas que serão usadas em um projeto não se limita apenas ao bom gosto de quem as escolhe; é necessário levar em consideração vários aspectos técnicos, legais, econômicos e culturais. Também explicamos que não basta escolher uma família tipográfica adequada se ela não for usada corretamente, levando-se em consideração o tipo de papel, o público-alvo, o idioma do texto, entre outros fatores.

Também indicamos a classificação das fontes, como serifadas e sem serifa, e os pesos, as larguras, os espaçamentos e demais fatores a serem levados em conta ao se escolher uma família tipográfica.

Reforçamos, ainda, que de nada adianta escolher uma família tipográfica adequada se ela não for usada de maneira adequada, com um corpo de texto composto cuidadosamente para garantir sua legibilidade, com atenção ao alinhamento e aos detalhes de caracteres não alfabéticos. Em outras palavras, ao indicarmos que o leitor não deve fazer esforço nenhum para tentar entender onde começa uma linha ou onde o texto continua, conseguimos apresentar de que maneira podemos obter uma produção de qualidade.

Questões para revisão

1. A qual categoria pertence a família tipográfica Helvetica?
   a) Egípcia.
   b) Grotesca.
   c) Insípida.
   d) Humanista.

2. Analise as afirmativas a seguir sobre comprimentos de linhas e assinale a correta:
   a) Uma linha curta é mais difícil de ler.
   b) Uma linha longa é mais fácil de ler.
   c) Se a linha ficar muito longa, é provável que seja possível dividir o espaço em duas colunas menores, o que é mais adequado.
   d) Linhas mais curtas são associadas a uma leitura mais relaxada e a um espaçamento entre letras maior, enquanto linhas mais longas "pedem" letras mais juntas entre si para um ritmo de leitura mais intenso.

3. Qual desses termos está associado a uma maneira de evidenciar a divisão de um texto em vários parágrafos?
   a) Caixa de texto.
   b) Recuo de primeira linha.
   c) *Tracking*.
   d) Alinhamento.

4. O que é o chamado *cinza* de um texto?

5. Você prefere números *old-style* ou mais comuns? Por quê?

Para praticar

1. Dê continuidade ao seu projeto de elaborar um jornal ou uma revista. Nesta etapa, você deve escolher o papel em que o jornal será impresso e as famílias tipográficas que serão utilizadas. Pense que você precisará de famílias para títulos, gravatas, texto e boxes. Será que uma única família basta? Pesquise algumas fontes nos *sites* da MyFonts, Typotheque e FontShop e escolha as famílias que você utilizará. Calcule quanto você vai gastar em licenças de fontes – ou procure alternativas gratuitas de qualidade. Após baixá-las e instalá-las no seu computador, teste-as – pode ser em um processador de texto mesmo – e confira se são adequadas ao seu projeto.

2. Usando as famílias tipográficas que você escolheu, determine os tamanhos, proporções, entrelinhas e espaçamento entre as letras. Defina e anote os padrões que você escolheu. Você pode fazer isso em um processador de texto mesmo, mas seria interessante começar a trabalhar com um programa próprio de diagramação, como InDesign, Illustrator ou Scribus.

Capítulo

03

Imagem e cor

Conteúdos do capítulo:

- Características da fotografia.
- Como usar fotografias.
- Como usar ilustrações.
- Como usar infográficos.
- Modelos de cor RGB e CMYK.
- Como montar uma paleta de cores.

Após o estudo deste capítulo, você será capaz de:

1. adequar imagens ao desenho das páginas sem fazer montagens nem modificar extremamente seu conteúdo;
2. compreender o uso de cada modelo de cor em cada etapa da diagramação e impressão de uma página.

Assim como o jornalismo em si, uma página não é apenas texto, mas também imagem. Fotografias, ilustrações, charges, esquemas, infográficos, entre outros, podem e devem fazer parte de uma matéria – quando for necessário e adequado. Esses recursos deixam as páginas mais atraentes, embora não devam ser usados apenas com esse propósito, mas principalmente como maneiras de transmitir informação. Ainda sob esse aspecto, não pense que as imagens são elementos menores subordinados ao texto – na verdade, é quase ao contrário.

Esse respeito pelo jornalismo em forma de imagem deve estar presente também na hora da diagramação. Algumas páginas de jornais ou revistas evidenciam a negligência e até o desprezo pela fotografia e outras imagens, como se fossem um mero complemento do texto. Mas não são. A imagem conta história de uma maneira que o texto, muitas vezes, não consegue.

Uma página que somente valoriza o trabalho de quem escreve é uma página ruim. É bem comum que páginas ruins apenas despejem textos, colocando a fotografia ou a ilustração no espaço que sobrar – às vezes, até mesmo no rodapé da página. Não deveria ser assim. Se não houver espaço suficiente para que a imagem conte a sua própria história, deve-se reduzir o texto da matéria, pois dar importância às imagens da página também valoriza o texto e instiga o leitor.

Tendo isso em mente, neste capítulo, trataremos do uso prático de imagens no momento de diagramar uma página, a fim de apresentar suas diversas possibilidades de aplicação e indicar como fazê-las conviver com o texto da melhor maneira possível, honrando o bom trabalho de quem fotografou ou ilustrou por meio de uma diagramação igualmente bem-feita.

3.1
Fotografia

A importância da fotografia no jornalismo é quase óbvia, tanto que o jornalismo impresso proporciona um ótimo meio para valorizá-las. Se bem aproveitadas, as fotografias podem ser honradas com uma boa impressão e um lugar de destaque em uma página – lembre-se que o espaço visual de uma revista impressa é muito maior do que a tela de um *smartphone*.

Às vezes, teremos fotografias que, mesmo não apresentando excelente qualidade, precisam aparecer. Pode acontecer de recebermos fotografias que não têm qualidade suficiente para serem reproduzidas em maior tamanho; que estejam meio borradas, tortas, superexpostas ou subexpostas; ou ainda que elas apresentem todos esses problemas ao mesmo tempo.

Pode acontecer, ainda, de um fotógrafo não ter recebido informações suficientes sobre o tipo de foto necessário para a diagramação planejada. Há também a possibilidade de a foto ter ficado maravilhosa, mas um anúncio que entrou de última hora reduziu pela metade o espaço para a matéria.

Como lidar com essas situações? Para algumas delas, existe o tratamento de imagens, por meio do qual é possível realizar ajustes, melhorar um pouco a nitidez e, claro, adequar a imagem para a impressão.

A diagramação também é um momento em que a imagem vai passar por uma edição e, muitas vezes, é a foto que vai determinar como ficará a diagramação.

A seguir, apresentaremos algumas maneiras de trabalhar com fotografias, para criar um repertório de possíveis operações e, assim, valorizar as imagens da nossa página.

É importante lembrar que, ao reenquadrar, recortar ou simplesmente escolher uma foto em vez de outra estamos fazendo **edição jornalística**, e os preceitos éticos da profissão precisam continuar presentes. Reenquadrar uma foto pode mudar completamente a história narrada, portanto é preciso fazer isso com cuidado. Além disso, é importante tomar cuidado com os ajustes exagerados de brilho e contraste. Esse tipo de ajuste é necessário, porém, não pode ser excessivo a ponto de modificar a fotografia. Por último, jornalismo não é lugar de montagens fotográficas. Esse recurso já custou, merecidamente, o emprego de vários fotojornalistas. Se uma montagem for necessária para dar um exemplo de como ficaria um prédio que ainda vai ser construído, por exemplo, deixe claro, na legenda, que se trata de uma simulação.

∴ Reenquadramento

Uma foto pode ser reenquadrada de modo a melhorar sua composição ou ficar em uma proporção mais adequada à diagramação final da página. Observe na Figura 3.1 o original de uma fotografia.

Figura 3.1 – Fotografia original

Se a foto permitir, podemos usar o reenquadramento para transformar uma foto horizontal em vertical e vice-versa.

Figura 3.2 – Fotografia reenquadrada para ficar vertical

Também é interessante fugirmos da proporção que as câmeras fotográficas nos fornecem. Podemos usar formatos quadrados, exagerar na verticalidade, usar proporções parecidas com as de cinema ou mais extremas (o que propicia desenhos de páginas mais interessantes e variados), valorizar paisagens etc.

Figura 3.3 – Reenquadramento na horizontal, fugindo das proporções típicas

Creatista/Shutterstock

Enquadramentos mais exagerados costumam funcionar muito bem, principalmente em rostos – para destacar a pessoa ou para colocar sua foto em um boxe, por exemplo.

Figura 3.4 – Enquadramento no rosto

Creatista/Shutterstock

Podemos, ainda, transformar fotos com composições óbvias em fotos mais interessantes. A foto da *chef* que estamos usando aqui fica mais interessante quando tiramos ela do centro da composição.

Figura 3.5 – Transformação de composição óbvia por meio do reenquadramento

Creatista/Shutterstock

Se você for usar somente uma pequena parte da foto, recorte a imagem em um programa de edição de imagens em vez de mascará-la no InDesign. A parte mascarada, apesar de não aparecer na diagramação, ainda precisa ser processada pelo computador, o que pode deixá-lo mais lento e até travá-lo; se esse for o caso, recorte as imagens antes e agilize o trabalho.

∴ Recortes

É possível também tirar o fundo de uma fotografia para conseguir composições mais interessantes, como integrá-la melhor a outras imagens ou a uma caixa de texto, ou ainda para dar destaque a um elemento. Objetos e pessoas costumam render boas fotos recortadas.

Considere que, ao retirar o fundo de uma fotografia, há uma perda de informação, de contexto. No exemplo que estamos trabalhando aqui, é possível ver que a *chef* está na cozinha de um *food truck*, com vários utensílios e rodeada por bancadas de aço inox. Dependendo da matéria, seria interessante não perder essa informação. Além disso, verifique se não há elementos muito difíceis de serem recortados, como objetos sem bordas definidas, muito complexos, ou em movimento. Nesses casos, assuma que não vai ficar perfeito – o que pode ser admissível – ou desista do recorte.

O recorte não precisa ser feito com exatidão, tentando integrar a foto ao papel. No início do uso de computadores para diagramação, os recortes eram feitos com a ferramenta **pena** do Photoshop, com traços definidos como se tivessem sido recortados com tesoura.

Repare na Figura 3.6 que alguns fios de cabelo soltos sumiram. Esses fios foram apagados porque provavelmente não apareceriam na impressão. Repare também que a lente esquerda dos óculos, que mostrava o fundo da cozinha, também foi recortada. Já os braços da *chef* foram deixados fora do enquadramento, visto que eles ficariam estranhos se fossem recortados.

Figura 3.6 – Imagem recortada

Creatista/Shutterstock

Essa maneira de recortar – que pode ser feita até mesmo no próprio programa de diagramação – pode ser preferível ao uso de recortes com máscaras. É melhor um recorte mais seco, porém bem feito, do que um recorte que busque emular o desfoque da fotografia e acabe ficando tosco.

Figura 3.7 – Recorte com bordas desfocadas

Creatista/Shutterstock

Outra opção é não recortar a figura inteira, deixando mais elementos ou um fundo, se julgarmos necessário. Na Figura 3.8, observe que foram deixadas as bancadas e os elementos que estavam em cima delas, mas que todas as paredes da imagem foram removidas. Como os elementos mais ao fundo estavam mais desfocados, o recorte não ficou tão bom – a nitidez está associada à qualidade do recorte.

Figura 3.8 – Recorte preservando elementos do fundo da fotografia

Creatista/Shutterstock

Outro recurso interessante é o recorte de imagens sem precisão nenhuma, deixando-se aparecer parte do fundo.

Figura 3.9 – Recorte impreciso, com partes do fundo aparecendo

Creatista/Shutterstock

Esse é um recurso que deixa a foto com um jeito de ilustração e faz com que ela tenha outra presença na página. Por isso, deve ser usado com parcimônia.

∴ Usando mais de uma foto

Lembre-se que uma foto sempre será melhor que duas. Em alguns casos, decidir entre algumas opções de foto pode ser difícil, mas tomar decisões é justamente a função de quem edita. Usar duas fotos, principalmente em tamanhos similares, tira a força de ambas, então a dica é: **escolha uma e aposte nela**. O resultado será uma imagem forte que também deixará a página forte.

Agora vamos às exceções.

Como sabemos, alguns eventos podem ficar mais bem representados em uma sequência de fotos que explicará melhor o acontecido do que um texto. Nesse caso, mantenha o alinhamento para reforçar que se trata de uma sequência. No exemplo da Figura 3.10, o jornal *Zero Hora*, de Porto Alegre, decidiu utilizar uma sequência de três fotos do naufrágio de um barco com refugiados.

Figura 3.10 – Primeira página do jornal *Zero Hora*, com uso de três imagens

Para a mesma notícia, o *Daily Telegraph* apostou no impacto de uma única foto.

Figura 3.11 – Primeira página do *Daily Telegraph*, com uso de uma única fotografia

Fonte: The Daily Telegraph, 2016, capa.

Esses cuidados com as sequências de imagens também podem ser úteis ao se trabalhar com instruções ou receitas.

É importante ressaltar que, em entrevistas, o uso de várias fotografias com enquadramentos similares é bastante comum, para mostrar diferentes expressões da pessoa entrevistada.

Figura 3.12 – Exemplos de fotos similares, para mostrar mudança de expressão

Essas fotos podem ficar agrupadas, espalhadas pela página, ao longo de várias páginas, alinhadas verticalmente ou horizontalmente, combinadas com uma foto maior da mesma seção etc.

Figura 3.13 – Possibilidades do uso de fotografias similares na diagramação

Viorel Sima/Shutterstock

Outra estratégia interessante é criar um bloco único com as fotos, para que estas não percam força ao serem separadas.

Figura 3.14 – Combinação de fotos formando um mosaico

Viktar Malyshchyts/Shutterstock

O exemplo da Figura 3.14 combina várias fotografias em uma composição interessante, que pode acompanhar uma matéria sobre alimentação saudável ou aumento de preço das hortaliças.

∴ Tamanho

Tenha cuidado com o tamanho e com a proporção que uma foto exige. O que queremos mostrar nela? Uma foto com muitos detalhes precisa ser reproduzida em tamanho maior, para que possamos identificar o que foi fotografado.

Figura 3.15 – Exemplos de fotografias que funcionam (à esquerda) e não funcionam (à direita) em tamanhos reduzidos

Tim UR/Shutterstock

Creatista/Shutterstock

Parece óbvio, mas é necessário poder identificar o que foi fotografado. Na Figura 3.15, uma maçã é identificável mesmo quando reproduzida em um tamanho minúsculo – no máximo, pode ser confundida com uma cereja. Já uma imagem mais complexa se torna um retângulo de ruído, visto que não podemos identificar claramente quantas pessoas há na foto.

> **Avalie**
>
> Se não for possível usar a fotografia em um tamanho adequado, seja por falta de espaço, seja por falta de qualidade da foto, descarte-a.

3.2
Ilustrações

Chamaremos de *ilustração* toda imagem desenhada – seja à mão, seja digitalmente –, como desenhos, charges e histórias em quadrinhos.

Apesar das diferenças apresentadas entre os tipos de ilustração, muitas vezes, eles são considerados mais ou menos a mesma coisa por teóricos do jornalismo ou por editores que estejam mais preocupados em preencher um buraco em uma página do que com as possibilidades jornalísticas dessa linguagem.

Cada um dos tipos de ilustração oferece possibilidades únicas, podendo ressaltar um aspecto de uma matéria que foto nenhuma conseguiu; ou funcionando como um comentário do artista para a matéria.

Figura 3.16 – Coluna de opinião do jornal *Folha de S.Paulo*, com charge do cartunista Benett

FOLHAPRESS

Charges e quadrinhos podem ter seu próprio espaço na seção de opinião – como a charge do cartunista Benett, publicada na *Folha de S.Paulo* –, assim como podem trazer opinião para dentro de outras matérias – e não necessariamente de maneira engraçada.

Charges e outros tipos de cartum são relacionados ao jornalismo de opinião, mas a linguagem pode ser explorada dentro de outras classificações do jornalismo. Um exemplo é o trabalho de Joe Sacco, autor de obras como *Palestina*, que é uma reportagem em quadrinhos. Essa linguagem também é usada em jornais e revistas, como na representação imagética de uma entrevista.

Assim como com as fotografias, boas ilustrações devem ter seu espaço. Artistas que têm traços refinados e tomam cuidado com texturas merecem que esse cuidado seja evidenciado – o que não quer dizer que outras ilustrações possam ser reduzidas indiscriminadamente. Afinal, tirinhas e charges com balões precisam ser reproduzidas de maneira que o texto seja legível, e é possível que ilustradores experientes provavelmente já enviem o material pronto para impressão, ou, como chamamos, *cemicado* – com as cores já convertidas para o formato CMYK. No entanto, é imprescindível checar a imagem antes, a fim de garantir uma boa impressão e reprodução exata de cores.

É possível aproveitar certa flexibilidade que as imagens têm para planejar páginas nas quais a ilustração se integre de outras maneiras com o texto. Na Figura 3.17, você pode observar uma matéria diagramada pelo *designer* Lúcio Barbeiro, com ilustrações de Felipe Mayerle, publicada na *Gazeta do Povo*. Repare que a primeira página do caderno dialoga com as páginas seguintes: o que inicialmente parece um trampolim se torna o cano de um revólver. Aproveite para reparar no uso do branco que emoldura a ilustração, valorizando imagem e texto.

Figura 3.17 – Primeira página e páginas internas do caderno de cultura do jornal *Gazeta do Povo*

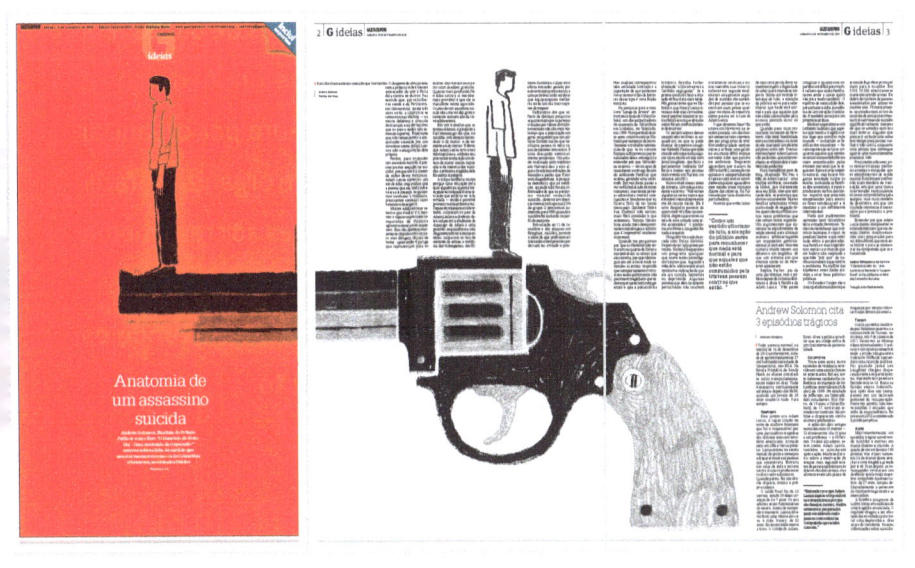

Acervo Gazeta do Povo

Na hora de encomendar uma ilustração, saiba ouvir o responsável pela ilustração, porque a ideia inicial que você teve pode não ser boa, ou pode não funcionar bem nessa linguagem. Por isso, é bom conversar com quem vai ilustrar, considerar o estilo do artista e, principalmente, saber ouvir seus conselhos e recomendações.

3.3
Infografias, mapas e tabelas

Infográficos, mapas e tabelas são recursos que tornam determinadas informações mais claras e organizadas. São recursos que podem ser usados, por exemplo, na descrição de como executar uma tarefa ou para representar grandes volumes de dados. Por exemplo, uma tabela funciona melhor do que um texto cheio de números, tanto por ser mais dinâmica quanto por organizar melhor essas informações; já os gráficos podem organizar e facilitar a visualização de dados numéricos referentes ao crescimento ou à queda de índices em um espaço pequeno.

Observe a seguir um exemplo de infográfico explicando os apetrechos e ensinando o preparo do chimarrão.

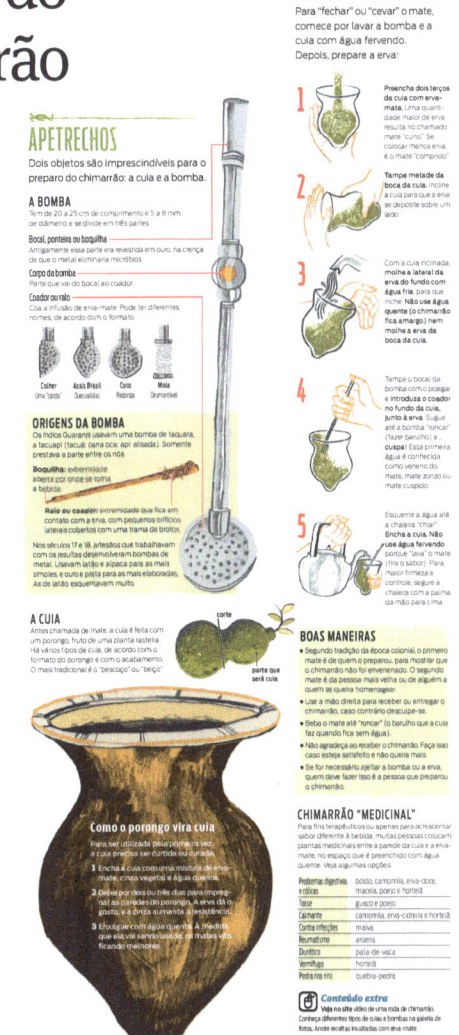

Figura 3.18 – Página da *Gazeta do Povo*, com infográficos de Leandro Luiz dos Santos e ilustrações de Felipe Mayerle

A diferença desse tipo de imagem é que ele geralmente precisa se integrar ao projeto gráfico de uma publicação, usando as mesmas cores, famílias tipográficas etc.

No entanto, é comum que sejam usados infográficos retirados da internet, que não foram pensados para aparecer em uma página e muito menos para integrar um projeto gráfico. O resultado é um elemento estranho na página, com tipografia grande demais, cores inadequadas e, muitas vezes, baixa resolução.

Perguntas & respostas

O que devo fazer com infográficos retirados da internet?

A recomendação é, primeiramente, evitar essas situações e fazer o possível para integrar esses elementos ao projeto gráfico. Preveja um padrão de título e de gravata para explicar o infográfico. Se precisar usar infográficos feitos em planilhas de cálculo ou em ferramentas da internet, verifique se o texto ficará legível no tamanho final, se as cores funcionarão, se o tipo de infográfico escolhido faz sentido para os dados mostrados etc.

As recomendações citadas podem se estender a mapas e plantas. É típico que capturas de telas do Google Maps sejam inseridas na página de qualquer jeito. Se não for possível elaborar mapas específicos, reforçamos: tenha cuidado para que o texto da imagem seja legível e as cores sejam adequadas, providencie títulos etc.

3.4
Cores

As cores são outro aspecto importante na composição de um projeto. Trata-se de uma questão estudada desde os tempos de Aristóteles. O estudioso mais conhecido a explorar o tema foi Isaac Newton: o físico inglês observou que a luz branca, ao atravessar um prisma, divide-se e forma as cores do arco-íris. Por isso, aqui, vamos falar brevemente sobre a física envolvida nas cores, para depois passar a questões mais práticas.

As ondas electromagnéticas – que incluem os raios gama e X, as micro-ondas do forno e as ondas de transmissão de rádio e televisão – apresentam um pequeno trecho de ondas visíveis, o chamado *espectro visível*.

Figura 3.19 – Diagrama dos diferentes comprimentos das ondas eletromagnéticas com destaque para o espectro visível

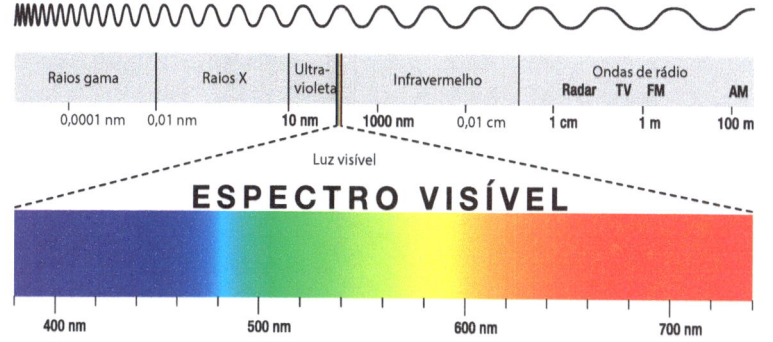

O que percebemos como cor é a propriedade que cada objeto tem de absorver ou refletir as ondas do espectro visível. Objetos que refletem todo o espectro são percebidos como branco, enquanto os que absorvem todas as ondas são percebidos como preto. Em síntese, a combinação das diferentes ondas do espectro visível refletidas pelo objeto é percebida como a cor desse objeto.

Contudo, vale salientar que essa percepção não é algo fixo. Por exemplo, diferentes espécies de animais percebem as cores de diferentes maneiras. No caso do ser humano, há diferença de percepção de cores de um indivíduo para outro – principalmente no caso dos daltônicos, que percebem as cores de maneira diferente da maioria das pessoas.

Além disso, essa diferença de percepção não é somente fisiológica, mas também cultural. Basicamente, cada cultura vai dividir o espectro visível de diferentes maneiras, e em vários idiomas há cores que demoraram para ganhar nomes diferentes – a diferença entre verde e azul, em várias línguas, pode não ser muito clara.

∴ Cores primárias e modelos de cor

Você lembra das aulas de artes na escola? Certamente você aprendeu que as cores primárias são azul, vermelho e amarelo, e misturou tinta guache para obter laranja, verde e um roxo meio acinzentado. Esse modelo é adequado para começar a entender a teoria das cores, mas não se aplica à indústria gráfica. As cores primárias dos modelos que vamos analisar aqui são outras.

Na pintura, tanto de quadros quanto de paredes, é possível trabalhar com pigmentos de diversas cores para se conseguir a cor desejada. Porém, na impressão, é necessário estabelecer um padrão, principalmente se o intuito for baratear o processo. Há a possibilidade de usar tintas especiais, entretanto, iremos nos concentrar na impressão em **quadricromia**[1] e em como as cores são compostas em monitores e câmeras fotográficas.

:: Síntese aditiva: RGB

Nesse modelo, a cor é percebida diretamente da fonte luminosa. As cores primárias, nesse caso, são vermelho, verde e azul – em inglês, *red*, *green* e *blue* (RGB). O ponto de partida é o preto – ausência de luz – e as cores surgem da intensidade de luz em cada cor primária.

---

1 Modelo composto por quatro cores: ciano, magenta, amarelo e preto. As três primeiras são cores primárias e a última é a mistura dessas três cores.

Figura 3.20 – Mistura de cores na síntese aditiva

Imagine que você tem duas lanternas, uma de luz vermelha e outra de luz verde. Se as duas forem projetadas sobre uma mesma superfície branca, a parte em que as duas luzes se misturam ficará amarela.

É a partir desse modelo de cor que as telas coloridas de celulares, televisores e projetores digitais funcionam. Cada *pixel* é composto de três elementos, que emitem diferentes quantidades de vermelho, verde e azul, conseguindo representar diferentes cores.

No computador, essas cores são representadas com valores entre 0 e 255 para cada cor primária. Por exemplo, R255G120B30 ou R0G128B0.

:: Síntese subtrativa: CMY

Nesse modelo, a cor é percebida a partir da luz refletida por um objeto que recebeu algum tipo de tinta ou pigmento, como é o caso de um papel impresso. Nesse modelo, as cores primárias são **ciano** (que é um tom de azul), **magenta** (conhecido em outros contextos como *pink*) e **amarelo** (*yellow*). Na quadricromia, a transparência das tintas faz com que, quando sobrepostas, as cores se misturem, como você pode ver na Figura 3.21. Você lembra que, no modelo aditivo, a soma de todas as cores primárias resultava em branco? Pois bem, aqui ocorre o contrário: o branco é a ausência de cor, ao passo que a soma de todas as cores resulta no preto.

Figura 3.21 – Mistura de cores na síntese subtrativa

Talvez você se questione se não faltou o preto na sigla CMY. A resposta é: sim e não. Na teoria, o preto é obtido pela mistura das três cores. Na prática, há limitações do material que fazem com que a situação seja diferente. Por isso, para a impressão, foi acrescentada a tinta preta, o K que formará a sigla CMYK – o K vem da palavra *key* (chave), pois o preto é a cor-chave no processo de impressão, frequentemente utilizado para alinhar outras cores. Há também outra versão que indica que a letra K vem do final da palavra *black*, pois a inicial da palavra se confundiria com o B de *blue*. A tinta preta, na prática, permite uma reprodução melhor de cores em fotografias e elimina a necessidade de se combinar as três cores para elementos pretos, como o texto, o que facilita os ajustes do maquinário e, consequentemente, o processo de impressão.

As cores são representadas com porcentagens. Por exemplo: C100M0Y0K0, C0M30Y100K10 e C30M0Y100K0.

Repare que as cores primárias do RGB são as cores secundárias do modelo CMY e vice-versa. Porém, novamente, a prática não funciona tão bem quanto a teoria, e isso revela a importância dos cuidados que devemos ter quando os dois modelos precisam conviver.

:: Os cuidados necessários para se aplicar os dois modelos de cor

Ao diagramar uma página, estamos convivendo com dois modelos de cor. O resultado final será impresso em CMYK, mas até lá utilizaremos o modo RGB nas fotografias, que saem das câmeras e *scanners* nesse modelo e são vistas nos monitores da mesma forma. Para evitar erros, precisamos entender as limitações de cada sistema e como os *softwares* tentam contorná-las.

O verde, por exemplo, é uma cor primária do RGB, mas secundária no CMYK. Na teoria, é a mesma cor, mas um verde em RGB (R0G255B0) exibido em um monitor vai ser um verde fluorescente, enquanto um verde em CMYK (C100M0Y100K0) será similar ao da bandeira brasileira. Os monitores podem exibir cores mais "brilhantes", que não podem ser impressas sem a utilização de tintas especiais.

O modelo CMYK também apresenta uma diferença em relação ao preto, que pode ser feito apenas com tinta preta (C0M0Y0K100) ou incorporar outra cor, para deixá-lo mais intenso (C100M0Y0K100). Há ainda a possibilidade de se utilizar a cor de registro, usada como cor de referência para ajustar a máquina, que é um preto com 100% de todas as cores. Uma vez impressa, a diferença é perceptível.

O RGB não apresenta essas nuances em relação ao preto, já que só há uma única cor preta (R0G0B0, a ausência de todas as cores). Para contornar esse problema, programas como InDesign ou Illustrator representam, dentro das possibilidades do RGB, os diferentes tons de preto. O preto 100% é representado mais amarronzado e as cores em CMYK tentam emular a cor final da impressão.

Mesmo assim, é necessário ter cuidado. Digamos que você copiou e colou uma matéria de um *software* de edição de texto. Se o preto desse texto ficou definido em RGB, a conversão para CMYK vai fazer com que, na impressão, esse preto não seja puro, o que ocasionará erro de sobreposição das cores e deixará o texto difícil de ler.

As fotografias também precisam passar por tratamento específico. O que está fantástico no seu monitor pode ficar muito escuro ou sem contraste na hora da impressão. É necessário fazer o tratamento e a conversão para CMYK, ou contar com um sistema de monitores calibrados e perfis de cor adequados para que a conversão automática renda bons resultados.

∴ Escolhendo cores

Você já deve ter ouvido falar – ou até feito – um círculo cromático. Geralmente, eles têm doze cores, que se dividem entre primárias, secundárias e as resultantes das misturas entre elas. É esse círculo que possibilita, por exemplo, a montagem de paletas de cores.

Figura 3.22 – Possíveis combinações de cores usando o círculo cromático

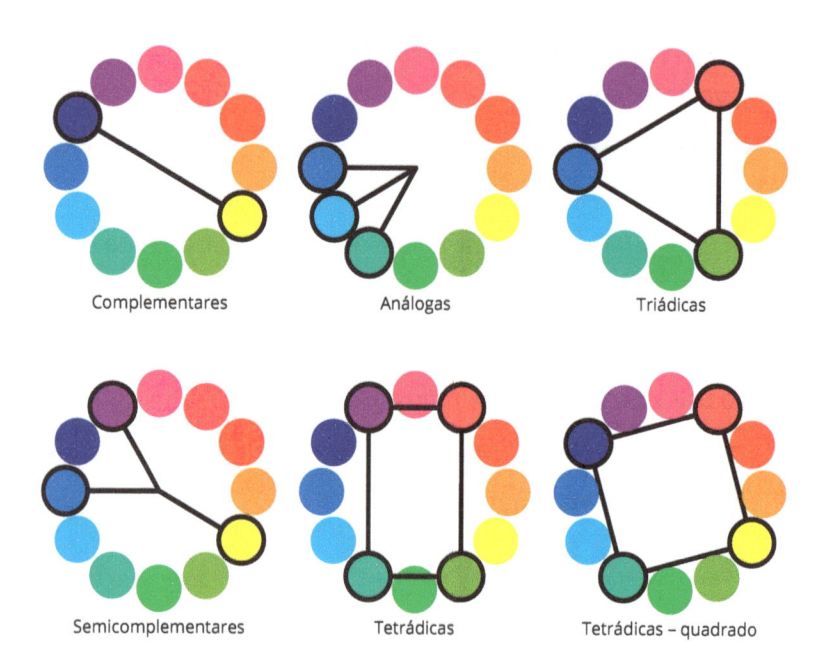

Complementares   Análogas   Triádicas

Semicomplementares   Tetrádicas   Tetrádicas – quadrado

O círculo cromático é uma ferramenta interessante para várias situações, como anúncios ou decoração de ambientes. Porém, no impresso, ele pode não ser tão útil assim. Nesse sentido, é mais prático pensarmos na função de cada cor dentro do projeto para escolher os tons que se adéquam ao processo de impressão e ao papel.

Um jornal mais tradicional pode usar um tom de verde bem neutro para fundos de boxes e cabeçalhos e um tom de vermelho-escuro para destaques, como números e olhos. Observe na Figura 3.23 as paletas de uma matéria do jornal *O Estado de S. Paulo*.

Figura 3.23 – Paleta de cores do jornal *O Estado de S. Paulo*

Jornais mais populares, como o *Extra!*, costumam usar cores mais vivas, como o vermelho puro, em elementos mais preponderantes na página.

Figura 3.24 – Paleta de cores do jornal *Extra*

Já um jornal esportivo, como o *Lance!*, pode usar cores mais relacionadas ao esporte – provavelmente inspiradas nas cores de roupas esportivas.

O mais importante é pensar na cor como informação. A cor pode ser usada para facilitar a navegação pelo jornal ao dividir, por exemplo, o cabeçalho dos diversos cadernos em cores ou até mesmo as próprias páginas – jornais econômicos europeus costumam ser impressos em papel cor-de-rosa, ou pelo menos com um fundo dessa cor. A revista *Veja* diferencia a principal entrevista de cada edição com a cor amarela. Nas figuras que vimos neste capítulo, pudemos notar o uso da cor para dar ênfase a certas informações. Preveja essas situações em seu projeto.

A cor também pode ter uma função semântica, associada ao que se quer comunicar. Uma reportagem sobre violência pode ser diagramada priorizando tons pretos e vermelhos; já uma matéria sobre determinado time de futebol pode usar as cores do brasão do clube.

Na hora de definir as cores do projeto, comece pensando a função de cada uma delas. Uma cor de fundo para boxes deve ser clara e neutra, assim como uma cor para destacar títulos e números deve ser chamativa – as cores para cabeçalhos podem ser um pouco mais fortes. Pense também no público-alvo e preveja situações, a fim de estabelecer regras e exceções.

Por último, seja preciso ao especificar as cores. Não adianta definir a cor como "verde-limão", pois isso dá abertura a várias interpretações. Você precisa especificar, por exemplo, C20M0Y100K0, para evitar erros e manter um padrão.

Uma maneira de padronizar as cores de uma publicação é adicioná-las à lista de amostras de cores dos arquivos de um projeto gráfico. Isso poupa o trabalho de digitar as porcentagens de cor a cada elemento que queremos colorir, e também nos permite mudar todas as cores ao mesmo tempo, caso tenhamos inserido uma cor errada ou precisemos mudar as cores de um projeto.

Síntese

Neste capítulo, analisamos os elementos complementares imagem e cor. Primeiramente, esclarecemos que as imagens não são um mero complemento do texto, pois também são informação e conteúdo. Sendo assim, elas podem ser editadas, reenquadradas e recortadas para priorizar e destacar informações – sempre obedecendo preceitos éticos.

Na sequência, indicamos os principais modelos de cor presentes em um trabalho de diagramação e impressão: o RGB e o CMYK. Analisamos as particularidades de cada modelo e os cuidados que devemos ter em função de suas diferenças. Apresentamos também como montar uma paleta para um projeto gráfico, assim como a melhor maneira de documentar essas cores para conseguir uma coerência ao longo de todo o material, composto por diferentes páginas e edições.

Questões para revisão

1. Em quais situações pode ser interessante reenquadrar uma fotografia?
   a) Quando for necessário usar uma foto vertical em um espaço horizontal ou vice-versa.
   b) Para melhorar a composição da fotografia.
   c) Para retirar um elemento irrelevante da composição e, assim, concentrar a atenção em outros elementos.
   d) Em todas as situações anteriores.

2. Considere as seguintes etapas de uma imagem usada na diagramação de uma página e relacione, a cada uma delas, o modelo de cor (RGB ou CMYK) correspondente.
   (   ) Captura da imagem com uma câmera fotográfica digital.
   (   ) Edição e diagramação em um monitor.
   (   ) Impressão *laser* para revisão prévia.
   (   ) Impressão final, em *offset*.

Agora, assinale a alternativa que corresponde à sequência correta:

a) RGB, RGB, RGB, CMYK.
b) RGB, CMYK, RGB, CMYK.
c) RGB, RGB, CMYK, CMYK.
d) RGB, RGB, RGB, RGB.

3. Se a combinação das cores ciano, magenta e amarelo resultam na cor preta, por que é usada tinta preta na impressão?

    a) Para evitar a necessidade de alinhar as três cores em elementos pequenos, evitando o erro de registro.
    b) Para reduzir o uso das tintas ciano, magenta e amarelo, que são mais caras do que a tinta preta.
    c) Porque a tinta preta é necessária para alinhar as chapas de impressão das outras cores.
    d) Porque tradicionalmente a tinta preta já era usada na litografia, processo do qual a impressão *offset* deriva.

4. Imagine que você precisa diagramar uma página com instruções de como fazer um gorrinho de crochê. Você teria algum pedido para o fotógrafo do processo? Como você diagramaria a página?

5. Cite um exemplo em que as cores de impressão em quadricromia não podem ser representadas em um monitor.

Para praticar

1. Invente uma pauta e procure uma fotografia adequada para acompanhá-la – ou então, pegue seu celular ou qualquer aparelho que fotografe e faça sua própria fotografia. Agora, produza vários enquadramentos dessa fotografia: feche em um objeto, deixe ela mais horizontal ou vertical, elimine elementos que você considera desnecessários etc.

2. Vamos continuar nosso projeto gráfico? Chegou a hora de escolher as cores. Pense em quais elementos você precisará de cores. Em boxes? Em alguma chamada? Para separar diferentes seções? Escolha quais cores você vai usar e anote a composição delas. Você pode usar as ferramentas de cores do Adobe InDesign ou procurar alguma *on-line*.

Capítulo

04

Composição da página e impressão

Conteúdos do capítulo:

- Formato da página.
- Uso de diferentes *grids*.
- Composição e hierarquias.
- Aproveitamento e tipos de papel.
- Tipos de impressão.
- Retículas e misturas de cores na impressão.

Após o estudo deste capítulo, você será capaz de:

1. diagramar uma página com vários elementos, de forma que fique clara a especificidade de cada um;
2. escolher cores e configurações de impressão adequados ao tipo de impressão da publicação.

Agora que já analisamos, nos capítulos anteriores, como tratar cada elemento de uma página, vamos aprender a combiná-los.

É provável que as escolhas que já analisamos até aqui, relativas à composição do texto ou ao recorte de uma foto, por exemplo, sejam decisões que tomaremos enquanto diagramamos uma página com fotos, e não antes. Até porque, não faz muito sentido recortar uma fotografia se não sabemos como a página vai ficar diagramada.

São esses ajustes e decisões realizados durante o processo de diagramação que explicaremos a seguir.

4.1
Proporção e tamanho

Dependendo do tipo de trabalho, podemos ter de tomar decisões sobre proporção e tamanho com mais frequência, embora

O mais comum seja que o formato já esteja estabelecido, ou que façamos um produto em algum formato padrão. Mesmo assim, é importante ressaltar que a proporção da página interfere nas intenções de comunicação do produto.

Publicações com proporções que fujam do comum geralmente chamam a atenção do leitor. Por exemplo, formatos mais alongados podem transmitir sofisticação, ao passo que formatos quadrados dão uma sensação mais pesada, mais formal, e podem ser interessantes para publicações relacionadas a museus, bancos, entre outros.

A primeira questão a ser pensada é a prática. Por exemplo, qual deve ser a característica soberana de um guia de bolso? Exato. Ele precisa caber no bolso. Várias revistas femininas têm versões menores que, além de mais baratas, são mais fáceis de carregar; é preciso, portanto, considerar o dia a dia do público-alvo.

O formato também pode transmitir seriedade. Por exemplo, jornais no formato *standard* – 30 cm × 52 cm, aproximadamente – têm conotação de seriedade jornalística, enquanto os tabloides (metade do tamanho) são associados a uma linguagem menos formal e até sensacionalista.

4.2
Grids

Muitas das coisas que temos ao nosso redor no cotidiano se encaixam em *grids*. Por exemplo, a maioria das casas e apartamentos têm formatos retangulares, a fim de que se possa encaixar móveis e eletrodomésticos, os quais também têm formatos retangulares. As cidades também têm ruas e avenidas, muitas vezes, distribuídas em formatos bem regulares.

Figura 4.1 – Exemplos de *grids* no cotidiano

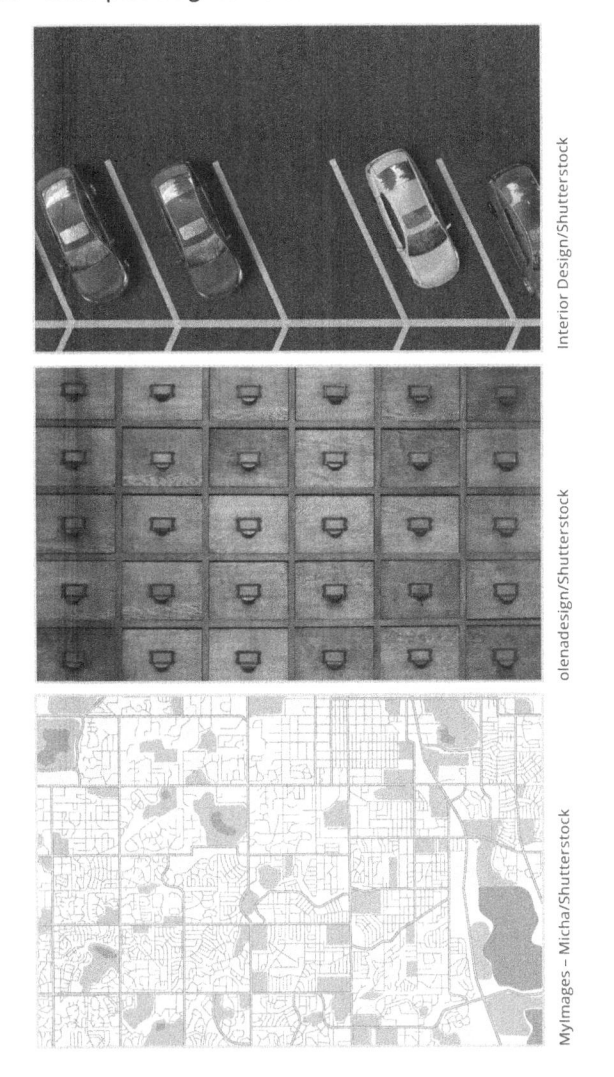

A diagramação de uma página também pode se beneficiar dessas estruturas. Quase sempre retangulares, as páginas podem ser um pouco desoladoras quando estão vazias, mas, assim como um estacionamento propicia uma organização com a demarcação das vagas, a página também pode propiciar uma organização com a criação de um *grid*.

Perguntas & respostas

O que é um *grid*?

Um *grid* é uma série de linhas que guia a diagramação de uma página. Tipicamente, divide-se a página em determinado número de colunas, às quais devem ser alinhados os conteúdos, como textos e fotografias.

É válido ressaltar que o *grid* não se trata de uma série de regras para cortar qualquer tentativa de criatividade. A ideia é facilitar, por meio da tomada prévia de decisões, o processo de diagramar uma página, pois, uma vez tomadas as decisões na elaboração do projeto gráfico – escolha da fonte, do tamanho da fonte, da colunagem do *grid* –, você não terá mais de perder tempo analisando esses fatores a cada página.

Essas estruturas também garantem que o que você criar esteja dentro do esperado pelo projeto gráfico e consistente com o resto dos materiais produzidos, talvez por outras pessoas.

Assim, não é preciso se preocupar, pois ainda há bastante espaço para a criatividade. É possível criar excelentes páginas sem precisar fazer exceções às regras do projeto gráfico.

∴ Montando o *grid*

O primeiro passo ao se montar um *grid* – visto que provavelmente usaremos o InDesign – é definir o número de colunas em que a página estará dividida.

Precisamos analisar primeiramente a largura que nossa página terá e quantas colunas cabem nela. O ideal é que uma caixa de texto tenha uma largura de, no mínimo, 5 cm – mais ou menos o tamanho que a maioria dos jornais usa. Levando-se em consideração essa medida, em uma página tabloide de 25 cm de largura, cabem cinco colunas. Essa é uma solução típica, fácil e eficiente, mas não é a única possibilidade.

Figura 4.2 – *Grid* de 1 coluna

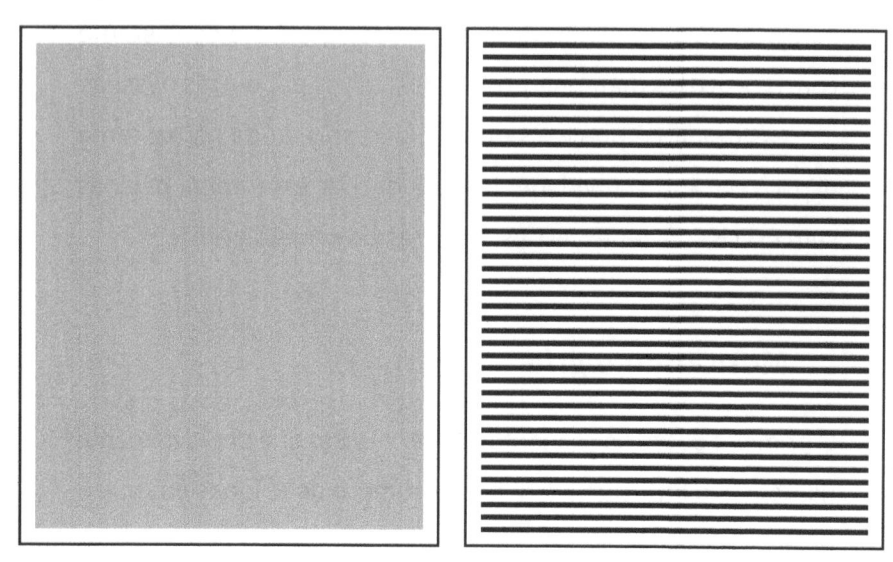

Figura 4.3 – *Grid* de 2 colunas

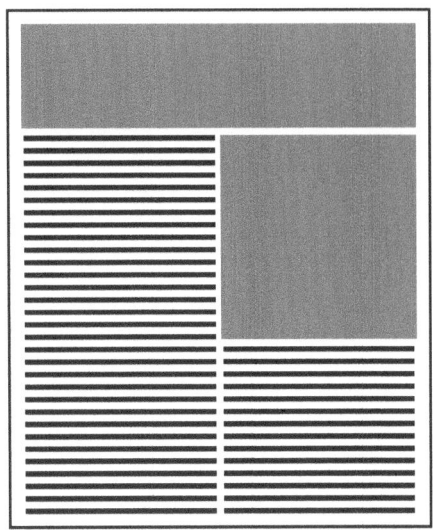

Perceba que o *grid* de 1 coluna é bastante simplório, ao passo que o de 2 colunas apresenta páginas mais simétricas e com um ar de seriedade talvez até excessivo. No segundo caso, cada coluna, em uma página tabloide, tem 12 cm – similar à largura de um livro.

Figura 4.4 – *Grid* de 3 colunas

Figura 4.5 – *Grid* de 4 colunas

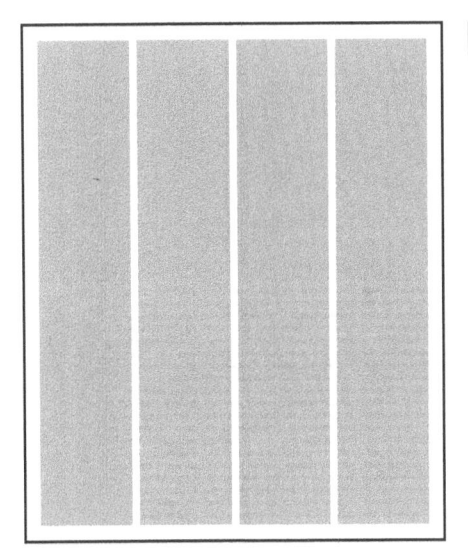

O *grid* de 3 colunas, por sua vez, pode ser interessante para textos mais longos, a fim de dar uma cara mais de revista do que de jornal. Já no de 4 colunas, a largura das linhas é boa, mas o número par de colunas não estimula composições interessantes. Se você dividir a página em duas matérias na vertical, elas vão ficar muito parecidas, e a única composição assimétrica possível é a de três colunas para uma. Fica mais difícil de variar o desenho das páginas.

Figura 4.6 – *Grid* de 5 colunas

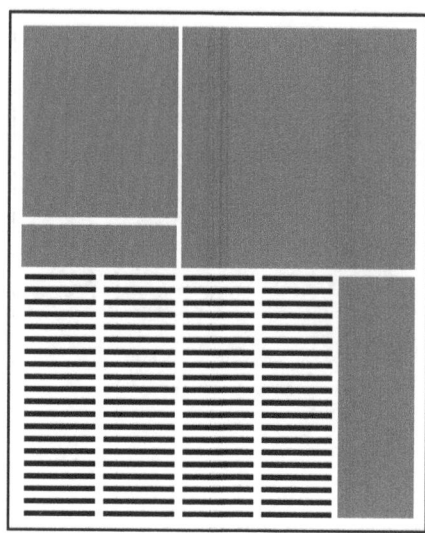

Figura 4.7 – *Grid* de 6 colunas

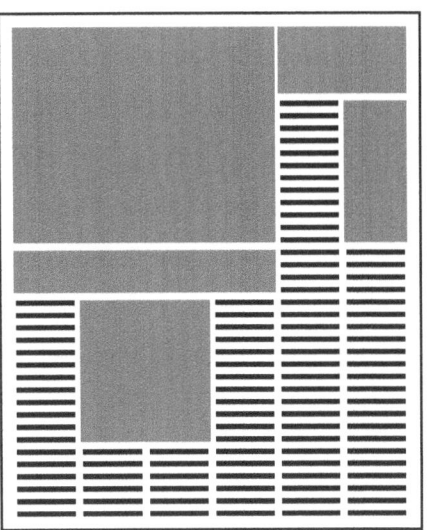

O *grid* de 5 colunas é apropriado para uma diagramação estilo jornal. Qualquer composição vai ficar assimétrica, o que ajuda a conseguir uma composição mais interessante e dinâmica.

No *grid* de 6 colunas, apesar de o número ser par, há margem para composições interessantes. O jornal *Metro* usa esse formato, bem como a maioria dos jornais *standard*, com aproximadamente 30 cm de largura, já que as colunas ficam com uma largura mais adequada ao texto.

∴ Grids modulares

Outra possibilidade é trabalhar com um sistema de colunas mais flexível e modular. Podemos dividir a página em várias colunas estreitas, de 2 cm a 3 cm de largura. É muito pouco para uma caixa de texto, então devemos determinar que uma coluna de texto deve ocupar duas ou mais colunas do *grid*.

O resultado é um *grid* mais flexível, que vai permitir composições interessantes e dinâmicas, com elementos de larguras diversas.

Figura 4.8 – *Grid* de 7 colunas

Em um *grid* de 7 colunas, podemos determinar que o texto ocupe duas delas juntas. Com isso, temos três colunas de texto e mais meia coluna para deixar fotos maiores, botar olhos, deixar espaços em branco para dar um respiro na página. O número ímpar nos estimula a conseguir resultados interessantes.

Figura 4.9 – *Grid* de 10 colunas

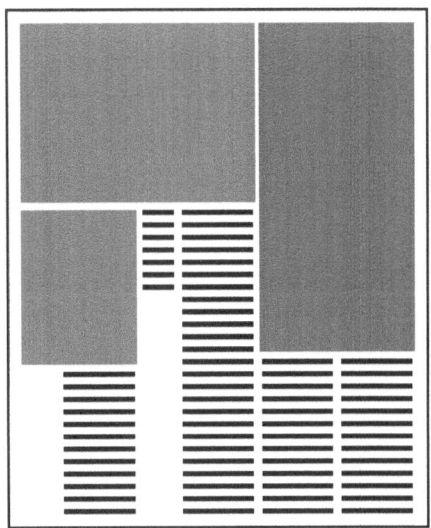

Com 10 colunas, o que temos é um *grid* essencialmente de 5 colunas, só que mais flexível, que permite deixar meias-colunas para separar elementos e criar respiros, assim como deixar elementos um pouco mais soltos.

∴ Quebrando o *grid*

Você provavelmente deve estar se questionando que mal analisamos as regras e já vamos avaliar suas possibilidades de quebra. Contudo, é importante que você saiba que é possível, sim, fugir do *grid*. Por exemplo, uma matéria que ocupa três colunas pode ser dividida em duas colunas, para ajudar a diferenciá-la do resto.

Figura 4.10 – Quebra de *grid* 1

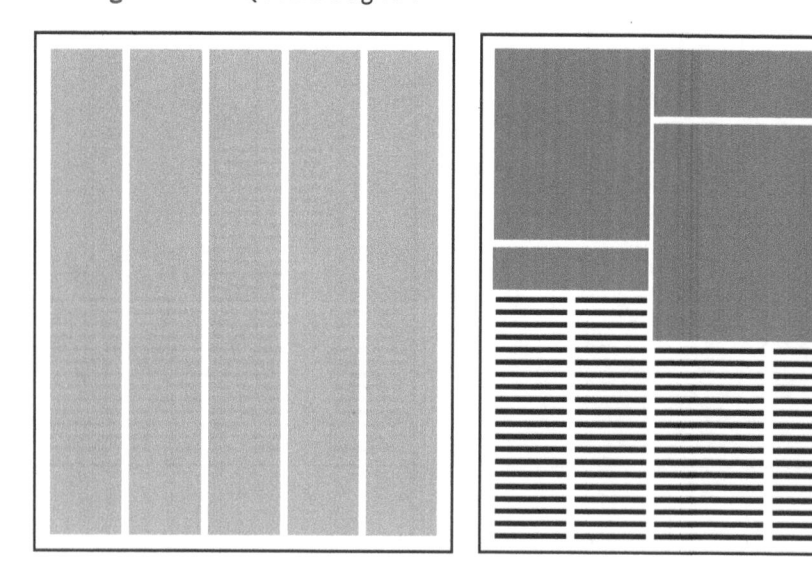

Também podemos fazer com que elementos, como fotografias recortadas ou ilustrações, invadam outras colunas.

Composição da página e impressão

Figura 4.11 – Quebra de *grid* 2

Como você pôde observar, é possível quebrar as regras do *grid* – e até fazer um *grid* novo para uma página especial que precise de uma diagramação diferente. Ainda assim, lembre-se que uma piada contada muitas vezes perde a graça. Por isso, reserve esse recurso para ocasiões especiais, a fim de não banalizá-lo.

∴ Modulação

Além de guias na vertical, um *grid* também pode ter guias na horizontal.

Figura 4.12 – *Grid* com guias na horizontal

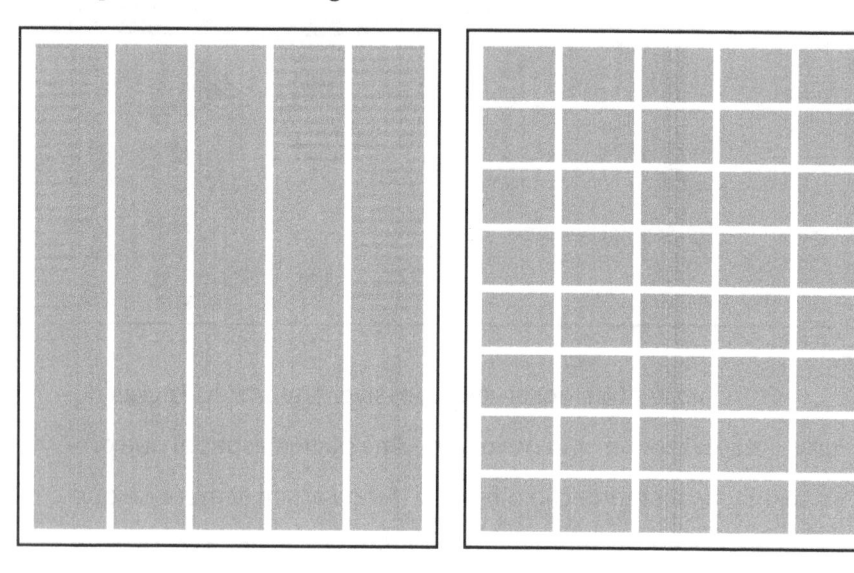

Essa divisão em módulos verticais, além de poder ser usada na diagramação, pode servir para que as agências de publicidade enviem os anúncios em alturas predeterminadas.

∴ Baseline grid

O *baseline grid* imita as linhas de um caderno e tem a função de organizar o conteúdo horizontalmente, mas de maneira mais sutil. Os programas de paginação têm configurações que fazem com que as letras das caixas de texto fiquem alinhadas em sua linha de base (*baseline*), fazendo com que os textos fiquem perfeitamente alinhados, até mesmo os de boxes.

Figura 4.13 – *Baseline grid* ativado

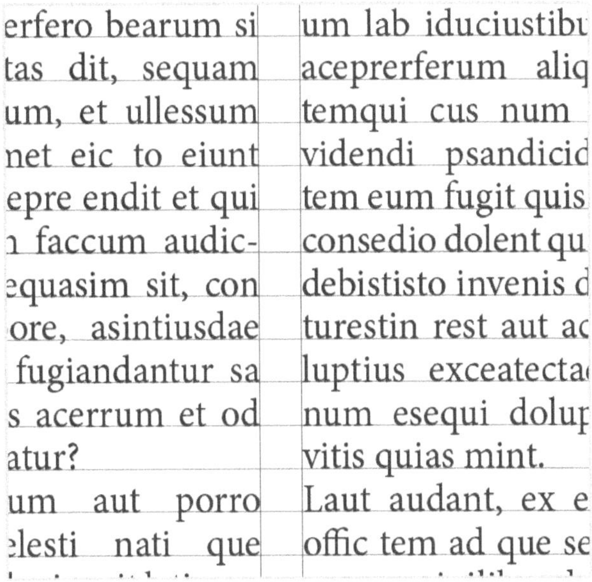

Figura 4.14 – *Baseline grid* desativado

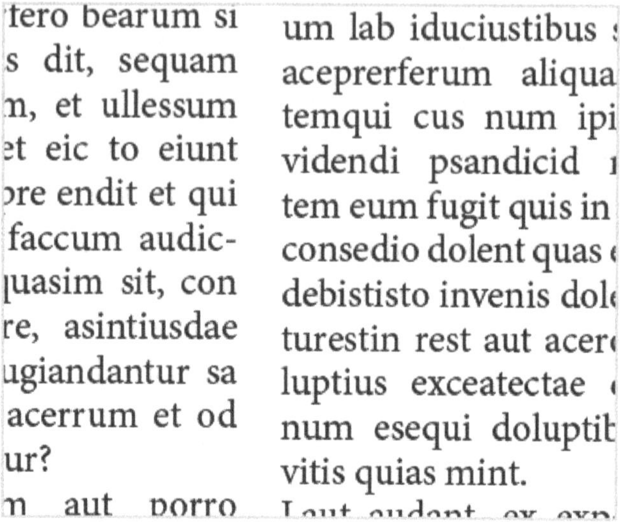

Esse recurso também pode – e deve – ser usado para determinar espaços entre diferentes elementos, como títulos e gravatas. Assim, trata-se de um espaço deve estar especificado no projeto gráfico.

Figura 4.15 – *Baseline grid* usado no alinhamento de títulos e gravatas

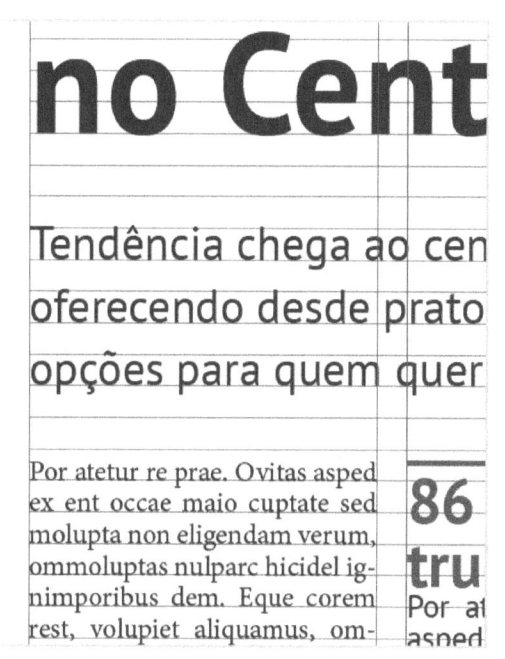

Além desses casos, o *grid* horizontal também pode ser usado para alinhar elementos como boxes e fotografias. Nesse último caso, é interessante padronizar a distância entre as fotografias e a legenda e também entre a legenda e o texto que está na sequência.

Figura 4.16 – *Baseline grid* usado no alinhamento de *boxes* e fotos

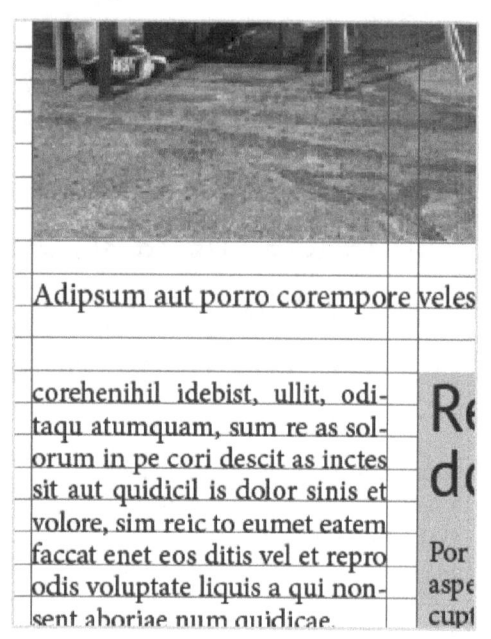

A princípio, o uso desse recurso pode não parecer essencial, mas com certeza concede refinamento extra ao desenho de uma página.

4.3
Hierarquia

A tarefa de diagramar uma página seria bem mais fácil se não tivéssemos tantos elementos para encaixar dentro dela. Imagine se fosse apenas colar o texto, colocar o título, escolher uma foto e pronto? Infelizmente, a realidade é outra. A página tem um tamanho limitado e os jornalistas estão, cada vez mais, dividindo seus textos em textos menores, para facilitar a leitura e a organização – uma matéria pode precisar dividir espaço com outra, porque há poucas páginas para muitos assuntos. Também há anúncios a serem encaixados de última hora que exigem que a página seja refeita.

Com essa quantidade de elementos, é função do projeto gráfico e do diagramador prever recursos e aplicá-los para organizar melhor a página e relacionar ou separar esses elementos, a fim de tornar fácil a navegação por ela. Também é importante identificar se um texto é correlato a determinada matéria ou se é uma nota que não tem nada a ver com o assunto. Basicamente, trata-se de agrupar visualmente o que está relacionado e separar o que não está.

Figura 4.17 – Página do jornal *Folha de S.Paulo,* com cores realçando a separação de matérias

Nessa página da *Folha de S.Paulo,* há uma coluna de opinião que se diferencia pelo padrão do título – centralizado e com brancos ao redor. Na sequência, há uma matéria em seis colunas, cujo título funciona como um guarda-chuva que contempla a foto e o texto. A seguir, há duas notas e uma matéria, que identificamos como três assuntos diferentes por estarem uma ao lado da outra, com títulos com fontes tipográficas no mesmo peso e sem nenhum elemento que as una.

Figura 4.18 – Parte superior de página do jornal *Folha de S.Paulo*, com fio na cor ciano ressaltando e separando uma matéria

Nessa outra página, temos uma matéria e uma nota que não estão relacionadas entre si. Por algum motivo, o título não ocupou as cinco colunas da matéria. Se as tivesse ocupado, ficaria claro que se tratava de duas matérias separadas. A solução foi pôr um fio e um indicativo de seção ("Foco") que diferencia a matéria da nota (coluna da direita). Esse formato usado para diferenciar a matéria já estava previsto no projeto gráfico, então não foi necessário criar algo novo.

Figura 4.19 – Página da seção "Opinião" da *Folha de S.Paulo*

Na seção "Opinião" indicada na Figura 4.15, podemos perceber a aplicação de um recurso elegante, porém difícil de implementar, que consiste na criação de uma separação maior entre cada elemento distinto. A página foi dividida em cinco colunas: três para a seção "Tendências/Debates" e duas para o "Painel do leitor". Além dos cabeçalhos compostos em maiúsculas e com fios para diferenciar as seções, repare que, entre elas, o espaço das colunas (**medianiz**) é maior.

A recomendação é sempre estar preparado para as diferentes situações, seja na criação do projeto gráfico, seja aumentando o repertório de soluções possíveis. Podemos preparar vários tipos de cabeçalhos, títulos e fios para prever essas situações, mas, ao mesmo tempo, também temos que saber aplicá-los.

4.4 Repetição, contraste, alinhamento e proximidade

Uma maneira prática de pensar como compor páginas – ou qualquer outro material gráfico – é atentar para os princípios de repetição, contraste, alinhamento e proximidade (Williams, 2008), que podem estar presentes de várias maneiras – entretanto, considere-os conceitos bem abstratos. Observe a seguir o que cada princípio pode transmitir.

- **Repetição:** Um elemento que se repete dá a sensação de consistência. Podemos pensar na repetição de elementos como o fólio ou o padrão tipográfico dos textos ao longo de uma publicação. Esse recurso também pode ser referente a um elemento que se repete em uma mesma página.
- **Contraste:** É o que diferencia um elemento de outro. Um boxe pode estar composto em um tipo de letra mais claro que o texto principal, ou ter um fundo de outra cor para criar um contraste – o que fará com que os textos sejam percebidos como diferentes.
- **Alinhamento:** Elementos alinhados deixam a página mais organizada, ajudando a agrupar elementos que devem ser percebidos como conjuntos separados.
- **Proximidade:** De maneira similar, elementos próximos tendem a ser percebidos como parte de um mesmo conjunto. Por exemplo, podemos separar duas matérias com um pouco mais de espaço. Dessa maneira, as colunas de texto e os demais elementos de cada uma delas serão percebidos como um conjunto. Para entender esses princípios, vamos analisar a Figura 4.20.

Figura 4.20 – Página do *designer* Lúcio Barbeiro, publicada na *Gazeta do Povo*

A página abre com uma ilustração, de autoria de Poty Lazzarotto, que, pela sua simplicidade e grandes espaços em branco, contrasta com os retângulos do texto. No meio da página também é usado o branco de uma ilustração para criar um espaço entre a matéria principal e o conjunto de textos da parte de baixo.

Esse conjunto precisa ficar separado da parte superior. Para isso, além da ilustração do meio da página, foi usado um subtítulo e uma gravata, recursos que explicam do que se tratam esses textos – cada um se refere a uma obra do escritor Dalton Trevisan. A presença de um pequeno título em cada um ajuda a entender que eles têm algo em comum e que, ao mesmo tempo, são diferentes e não precisam ser lidos na sequência. O espaçamento entre eles é suficiente para que sejam percebidos como uma unidade. Repare também que, nestes cinco textos, o texto está alinhado à esquerda, para diferenciá-los ainda mais da matéria principal, cujo texto está justificado.

Com a prática, a maneira de combinar elementos passa a ocorrer de maneira intuitiva. Ainda assim, procure sempre analisar se as páginas têm os elementos que vimos: há uma hierarquia evidente entre os diferentes elementos? Os conjuntos de elementos estão suficientemente diferenciados? Há um contraste na composição que deixe a página mais interessante, com uma composição instigante? A página é excessivamente simétrica? Responda a essas perguntas e tente corrigir o que você considerar defeitos. Compreender quais foram suas intenções ao diagramar a página e o uso que você fez de cada recurso o ajudará a conseguir páginas cada vez mais instigantes.

4.5
Impressão

Depois de compor as páginas, escolher tipos e tamanhos, pesquisar cores, fazer pesquisas, testes e provas, pedir opiniões, resolver alguns contratempos e, finalmente, fechar o material, o arquivo está pronto para ser enviado para a gráfica. Muitas vezes, entretanto, sequer temos contato com os equipamentos do local. Apenas trocamos *e-mails* com algum técnico, enviamos os arquivos e recebemos caixas com nosso trabalho impresso. Ainda assim, é importante sabermos como esse processo acontece, quais são os custos envolvidos e as possibilidades e limitações dessa etapa.

Para compreender tudo isso, precisamos primeiro entender o material em que será impresso o projeto: o papel.

∴ **Papel**

Se quisermos fugir dos formatos padrão, temos que considerar que, às vezes, um centímetro a mais na largura da página pode aumentar, e muito, os custos da impressão. É preciso também saber a técnica de impressão adequada à tiragem desejada.

Além do orçamento e das possibilidades técnicas, temos que considerar que o papel e a impressão também fazem parte da mensagem que queremos transmitir. Um relatório de sustentabilidade de uma empresa poderia ser impresso em um papel com aparência de reciclado, para reforçar o compromisso da empresa com essa questão. Uma capa com relevo e verniz fica bem em uma publicação sobre artigos de luxo, mas não em uma relacionada ao trabalho de alguma instituição de caridade, pois pode transmitir a ideia de desperdício de dinheiro, gerando um ruído prejudicial à comunicação.

No que se refere ao aproveitamento de recursos, vamos supor que você precise imprimir fotos em uma impressora que usa papel A4 (210 mm × 297 mm). Considerando-se as margens da impressora, o tamanho da folha seria mais ou menos de 202 mm × 288 mm. Se você quiser uma foto com 165 mm × 220 mm, sua página ficará como demonstrado na Figura 4.17.

Composição da página e impressão

Figura 4.21 – Página A4 com uma imagem

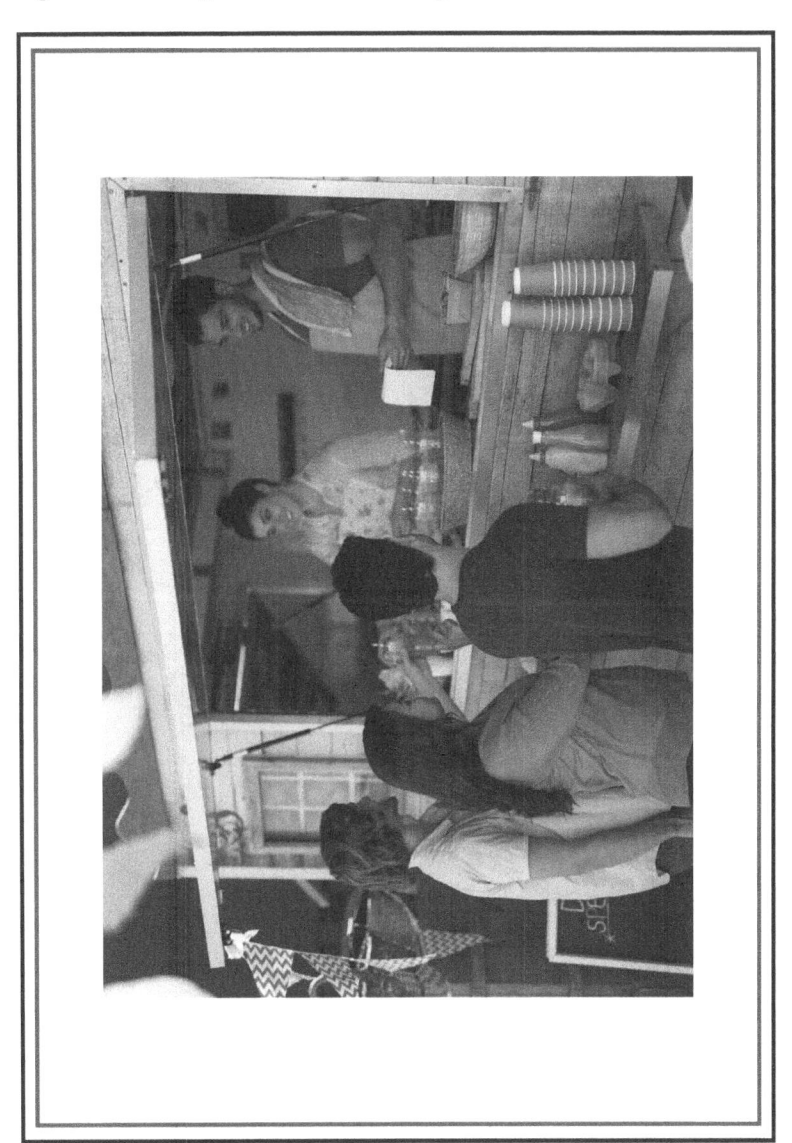

wavebreakmedia/Shutterstock

Mas vale a pena desperdiçar tanto papel? Se a foto fosse um pouquinho menor, caberiam duas fotos em uma única folha A4. Mantendo a proporção das fotos, cabem duas fotos de 192 mm × 144 mm, conforme você pode analisar na Figura 4.22.

Composição da página e impressão

Figura 4.22 – Página A4 com espaço para duas imagens

wavebreakmedia e farbled/Shutterstock

Lembre-se, ainda, que gráficas também trabalham com tamanhos de papel *standard*. Alguns tamanhos padrão de folha são 66 cm × 96 cm, 64 cm × 88 cm e 76 cm × 112 cm. Cabe a nós, então, calcular de que maneira podemos aproveitar melhor a folha. Às vezes, abrir mão de um ou dois centímetros pode representar uma grande economia.

195 Composição da página e impressão

Figura 4.23 – Várias formas de se aproveitar uma folha de papel de 66 cm × 96 cm

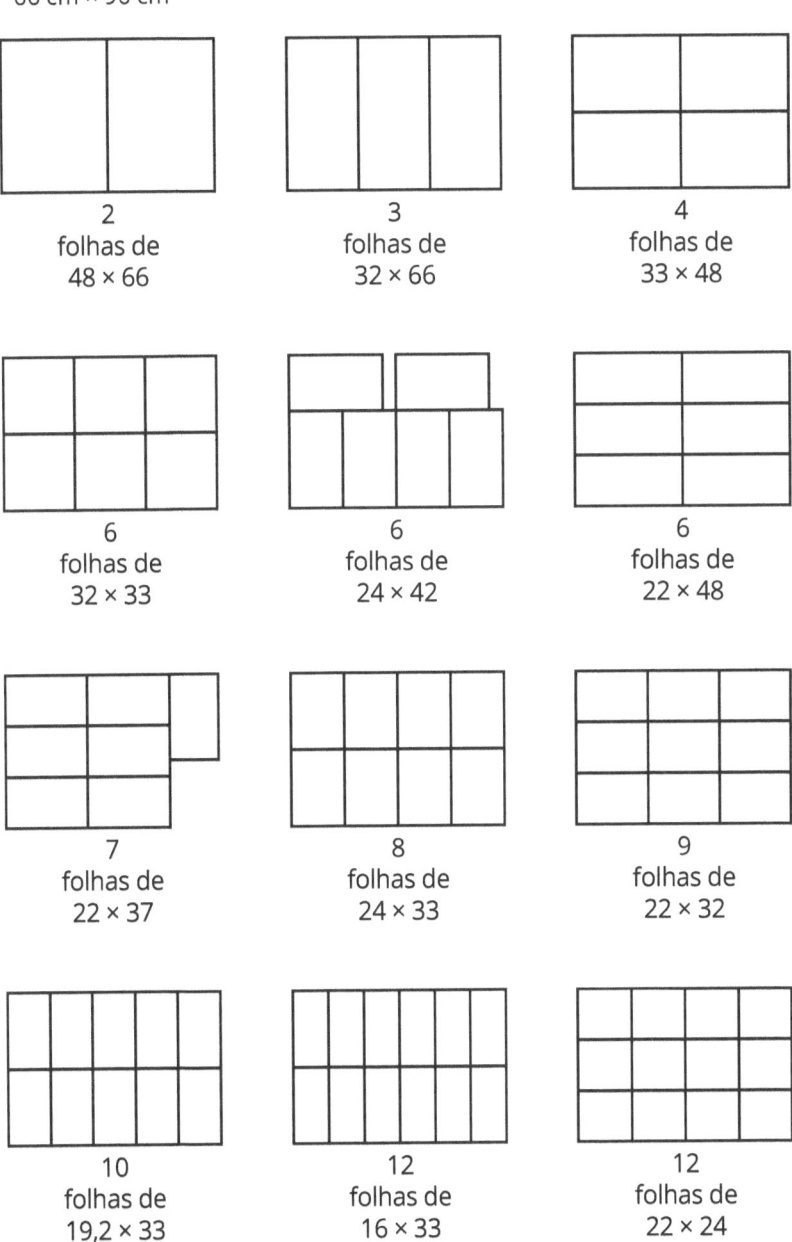

2 folhas de 48 × 66

3 folhas de 32 × 66

4 folhas de 33 × 48

6 folhas de 32 × 33

6 folhas de 24 × 42

6 folhas de 22 × 48

7 folhas de 22 × 37

8 folhas de 24 × 33

9 folhas de 22 × 32

10 folhas de 19,2 × 33

12 folhas de 16 × 33

12 folhas de 22 × 24

Se batermos o pé e quisermos imprimir páginas de 48 cm × 66 cm, por exemplo, irão caber somente duas páginas no papel, sendo que o custo será o mesmo das páginas de 32 cm × 66 cm. Então, reduzir um centímetro na largura, deixando a proporção 32 cm × 66 cm, reduzirá em 50% o papel para imprimir a mesma quantidade.

Também devemos calcular o tamanho levando em consideração que a folha não será completamente aproveitada na impressão, pois as pinças da impressora precisam de margens de 5 mm a 7 mm. Por sua vez, cada parte dessa folha precisará de uma sangra de 3 mm para evitar que apareçam bordas brancas no refile.

Levando em conta esses fatores, definiremos a proporção da nossa suposta página em 21 cm × 31 cm. Se estivermos fazendo uma revista, podemos utilizar a medida da página dupla, que seria aproximadamente de 15 cm × 21 cm.

Figura 4.24 – Folha de papel e margens

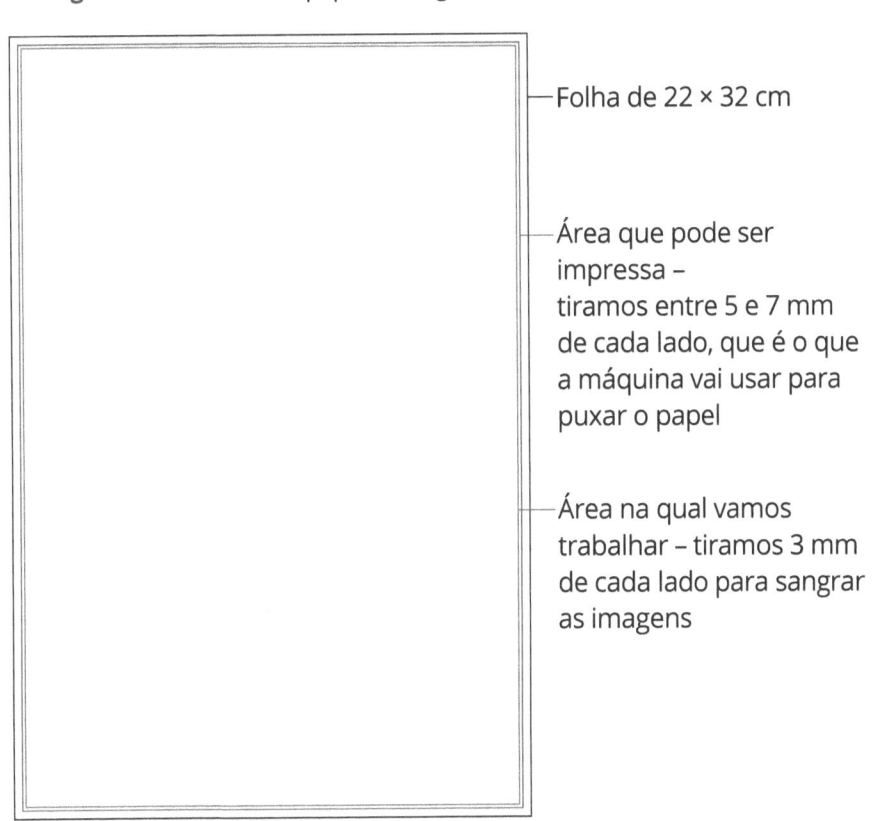

Folha de 22 × 32 cm

Área que pode ser impressa – tiramos entre 5 e 7 mm de cada lado, que é o que a máquina vai usar para puxar o papel

Área na qual vamos trabalhar – tiramos 3 mm de cada lado para sangrar as imagens

Agora que já explicamos a questão dos tamanhos e da proporções, retomaremos a questão dos tipos de papel a serem usados em uma publicação. Há vários tipos de papel disponíveis no mercado, para os mais variados públicos e orçamentos. Temos o áspero, absorvente e econômico **papel jornal**; os supostamente requintados *couché* **brilho** e **fosco**, que dão brilho tanto ao papel quanto ao que estiver impresso nele; o **papel** *offset*, similar ao nosso conhecido sulfite; o **papel pólen**, amarelado e fosco, ideal para o tempo de leitura de um livro; os **papéis com aparência de reciclados**; entre muitas outras opções.

A decisão pelo tipo de papel, além da disponibilidade na gráfica, do orçamento e do estabelecimento de questões técnicas, depende do conteúdo do material. Um livro com fotografias ficará ótimo em um papel *couché* brilho, mas a alvura do papel e os reflexos da luz no revestimento cansam demais os olhos do leitor, o que torna essa opção inadequada para textos longos. Já um papel pólen, por ser amarelado e fosco, cansa menos a visão, mas não é um suporte muito propício para fotografias coloridas. Produtos que combinem textos longos e fotografias devem usar um material que equilibre as duas características.

Recentemente, os livros brasileiros têm recuperado o costume de incluir um **colofão** no final da obra – um pequeno texto com os dados da produção dos livros. Geralmente, está descrito nele o tipo e a gramatura do papel usado. Perceba que essa é uma maneira prática de se conhecer vários tipos de papel – e de fontes, que também costumam constar no colofão.

∴ Tipos de impressão

Há vários tipos de impressão, que basicamente se dividem em:

- **Impressão por relevo**: A tinta cobre as partes da matriz que estão mais altas, como em um carimbo. Exemplos: impressão em *woodtype*, flexografia e carimbos.
- **Impressão por buraco**: A tinta penetra em buracos e ranhuras da matriz. Uma vez retirado o excesso, a matriz é aplicada no papel, e a tinta que está dentro do buraco passa para o papel. Um exemplo é a rotogravura, que usa cilindros de cobre muito duráveis – bastante conveniente para tiragens gigantes.
- **Serigrafia**: A matriz é um tecido esticado no qual foi aplicado um impearmibilizante nas partes que não se deseja imprimir. É usada em papéis, tecidos, embalagens e também de forma artesanal e artística.
- **Impressão indireta**: A matriz não toca diretamente o papel. É o caso da impressão *offset*.

Nesta obra, iremos nos concentrar na impressão *offset* e na impressão digital, respectivamente, já que publicações impressas de outros tipos são raras.

:: Impressão *offset*

O nome completo desse tipo de impressão é ***offset litography***, mas o termo acabou sendo abreviado para *offset*. Trata-se do método baseado na litografia, que é uma técnica de gravura desenvolvida no final do século XVIII pelo alemão Alois Senefelder, ator que buscava uma maneira de baratear a impressão dos materiais de suas peças teatrais. Posteriormente, o método foi usado para imprimir as gravuras coloridas de livros.

A litografia também foi importante no começo do século XX. Os cartazes da *Belle Époque* eram impressos em litografia, o que possibilitava o uso de várias cores.

Figura 4.25 – Exemplo de litografia da *Belle Époque* (*Le chat noir*)

STEINLEN, T. **Tournée du Chat Noir**. 1896. Litografia: color; 135,9 × 95,9 cm. Museu de Arte Jane Voorhees Zimmerli, Universidade Estadual de Nova Jersey, Estados Unidos.

O nome *litografia* tem origem no prefixo grego *lito*, que significa "pedra". Nesse tipo de impressão, uma pedra é usada como matriz: as gravuras são desenhadas com um lápis gorduroso e, na sequência, a pedra é molhada com água.

Em seguida, aplica-se a tinta, que, por ser oleosa, adere às partes gordurosas e é repelida nas partes molhadas. A pedra é lavada para tirar o excesso de tinta e então é aplicado o papel sobre a pedra – porque a pedra é pesada demais para ser aplicada sobre o papel.

Figura 4.26 – Detalhe de impressora *offset*

A diferença é que na impressão *offset* a chapa – que tem as mesmas propriedades da pedra – aplica a tinta em um cilindro de borracha, que então transfere a tinta para o papel.

Figura 4.27 – Esquema de impressão *offset*

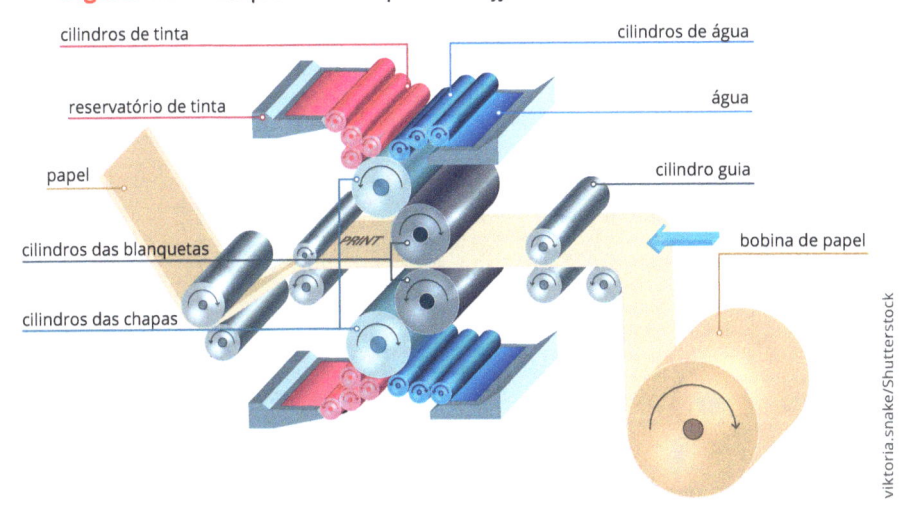

- cilindros de tinta
- reservatório de tinta
- papel
- cilindros das blanquetas
- cilindros das chapas
- cilindros de água
- água
- cilindro guia
- bobina de papel

viktoria.snake/Shutterstock

A impressão *offset* é usada não somente em jornais e revistas, mas na maioria dos objetos do cotidiano, como embalagens e cartazes.

:: Impressão digital

Os sistemas de impressão digital têm variações entre si. Aqui, explicaremos um dos mais populares, que é o sistema conhecido como *impressão a laser*, usado tanto em escritórios (pequenas quantidades) quanto em gráficas (grandes tiragens).

Figura 4.28 – Detalhe de maquinário para impressão digital

Libor Piška/Shutterstock

O processo começa com o cilindro fotorreceptor, que recebe uma carga positiva. A superfície desse cilindro é atingida por um raio *laser*, que desenha a imagem que será impressa. As partes que receberam o *laser* têm agora uma carga negativa. Em seguida, o toner – que não é uma tinta, mas um pó bem fininho, que pode ser preto ou colorido – receberá uma carga positiva e, por isso, será atraído pelas partes desenhadas pelo *laser*, que têm uma carga negativa, e repelido pelas outras partes do cilindro, que ainda têm aquela carga positiva do começo. Assim, temos um cilindro com *toner* aderido a ele – mais ou menos como a blanqueta da impressão *offset* (Freire, 2015).

Figura 4.29 – Esquema de uma impressão *laser*

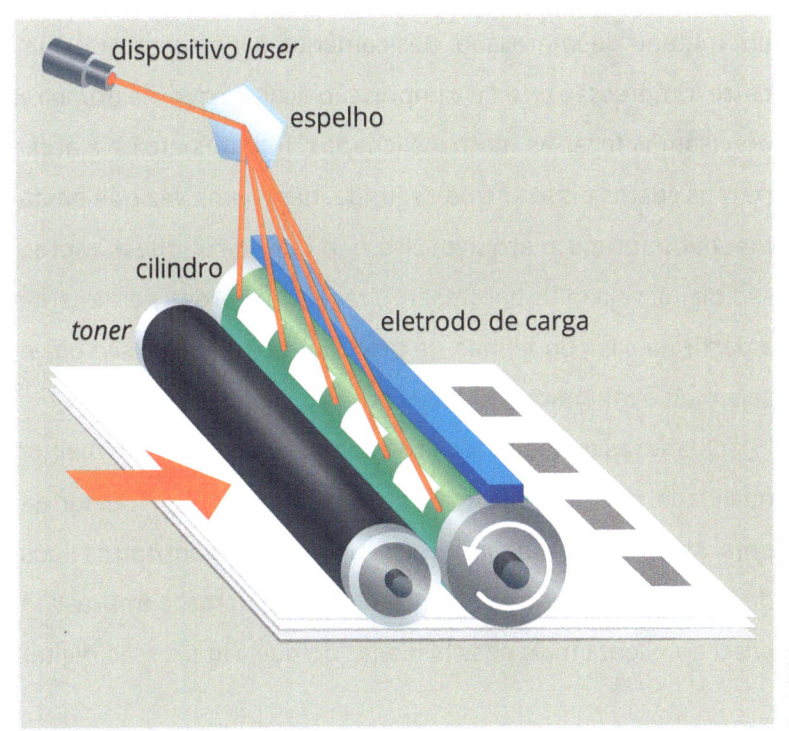

Antes de passar pelo cilindro fotorreceptor, o papel recebe uma carga negativa. Com isso, o papel ficará aderido ao cilindro e também atrairá o *toner* – já que ambos estão com carga positiva. O cilindro então perde sua carga, para poder soltar o papel. Porém, o *toner* ainda não está fixo. Assim, o papel passa pelo fusor, que são dois cilindros aquecidos que fundem o *toner* ao papel (Freire, 2015).

:: Digital ou *offset*?

Há vários fatores a serem considerados antes de se optar por um método de impressão. Basicamente, a diferença principal entre a impressão *offset* e a impressão digital é que, na primeira, precisamos fazer as matrizes (chapas, fotolitos etc.) – e arcar com os custos disso –, e na segunda, não – uma vez que basta mandar imprimir o arquivo. Isso não quer dizer que a impressão digital seja mais barata; em tiragens maiores – geralmente a partir da casa do milhar – é provável que a impressão *offset* seja mais econômica.

Quanto às questões técnicas, a impressão *offset* tem melhor qualidade, com retículas mais finas e uma absorção melhor da tinta. Além disso, caso seja necessário trabalhar com outros tipos de papel, cores especiais, entre outros recursos, a impressão *offset* apresenta mais possibilidades do que a impressão digital.

Uma desvantagem da impressão *offset* é que a gráfica pode precisar de mais tempo para entregar o trabalho. Logo, um material urgente pode se beneficiar da rapidez da impressão digital.

A recomendação é conversar com as gráficas e pedir orçamentos. Às vezes, a qualidade compensa o preço mais alto da impressão *offset*; às vezes, o melhor é imprimir na digital mesmo – talvez a gráfica até dê um desconto. Informe-se, troque ideias com o pessoal da gráfica, pese os prós e contras para só então decidir.

4.6
Cores e tintas

Geralmente a quadricromia é a primeira opção que vêm à cabeça quando pensamos em impressão; contudo, há alguns projetos que podem se beneficiar de impressões monocromáticas ou em duas cores. É possível imprimir apenas com tinta preta ou com tinta preta e mais outra cor (ciano, magenta, amarelo ou cores especiais). Novamente, as vantagens dependem do orçamento, da estrutura da gráfica e da tiragem.

Para podermos escolher melhor as cores do projeto gráfico ou das páginas, primeiro precisamos aprender como as cores são reproduzidas no papel. Para isso, a seguir esclareceremos os conceitos de *retícula* e *traço*.

∴ Retícula

Já vimos anteriormente que os processos de impressão tipicamente trabalham com quadricromia, cujas diferentes combinações permitem a reprodução de todas as outras cores do espectro de cor CMYK.

No entanto, na prática, as tintas não se misturam. Nos processos de impressão, não há como misturar um pouco de tinta ciano com um pouco de tinta amarela para ficar esverdeado. Também não há como diluir as tintas com tinta branca ou com água para conseguir tons mais claros. Isso somente é possível em técnicas mais artesanais.

As diferentes matrizes de impressão – tela de serigrafia, cilindro fotorreceptor da impressão digital, chapa da impressão *offset* – permitem somente a presença ou a ausência de cor. Uma cor clara não é, de fato, clara, mas parece ser assim porque tem pontinhos coloridos mais espalhados. É a chamada *retícula*.

Figura 4.30 – Exemplo de retícula para formar um tom de magenta

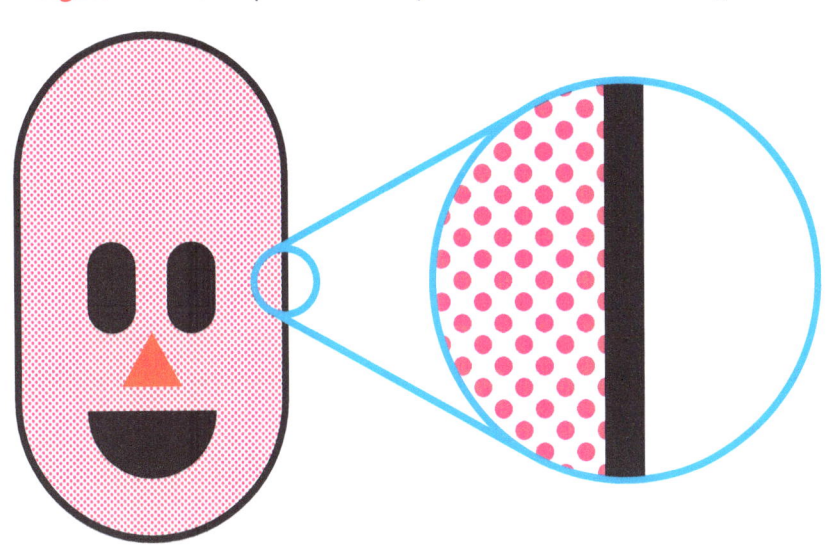

Perguntas & respostas

O que são retículas?

Retículas são texturas compostas por pontinhos pequenos o suficiente para que, quando observados a certa distância, não sejam identificados como uma textura de pontinhos, mas como algo uniforme. A cor do papel – geralmente branca – é o que vai fazer com que as cores pareçam mais claras. Veja a Figura 4.29.

Figura 4.31 – Retículas do 0% ao 100%

Os meios-tons são representados com uma escala em porcentagem: 0% é a ausência de tinta; 100% é quando a tinta cobre o papel por completo, sem espaços.

Esse efeito ótico também é usado para misturar cores. Na Figura 4.32, a retícula de 30% de magenta se sobrepõe ao 100% de amarelo, gerando um laranja amarelado.

Figura 4.32 – Exemplo de uso de uma retícula (magenta) e uma cor pura (amarelo) para formar outra cor

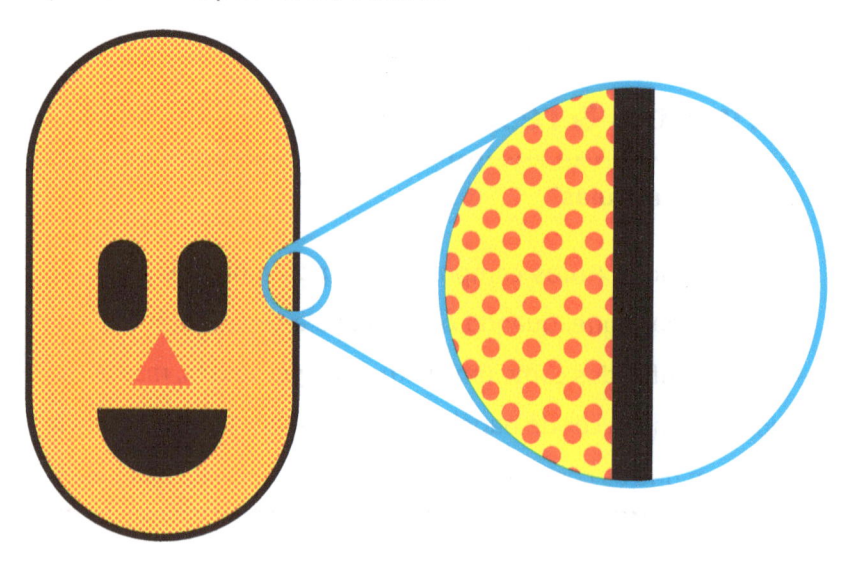

Contudo, quando as cores implicam na sobreposição de retículas, para se conseguir uma "mistura" de cores correta não basta sobrepor duas retículas de qualquer jeito. Assim, devemos conseguir as chamadas *rosetas*, que são os desenhos formados pelos diferentes pontos das retículas. Para isso, a retícula de cada cor é gerada com um determinado ângulo.

Figura 4.33 – Ângulos da retícula de cada cor de tinta

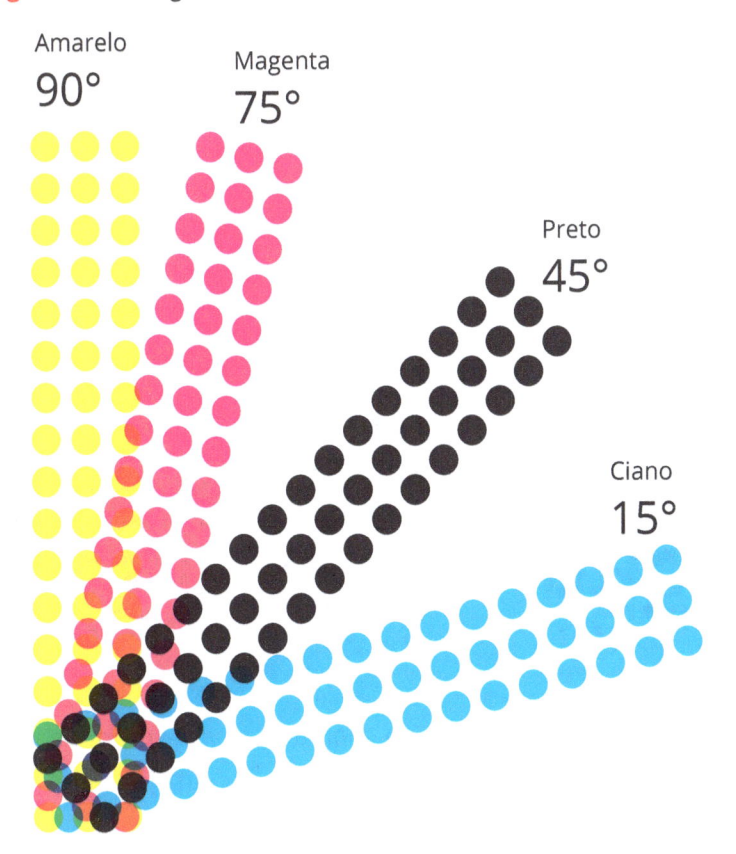

Em virtude dessa variação, quando sobrepostas, elas formam as rosetas, o que garante que as cores se "misturem" de maneira mais homogênea. Observe, na Figura 4.34, como ficariam as misturas das cores quando observadas bem de perto.

Figura 4.34 – Misturas das cores quando observadas bem de perto

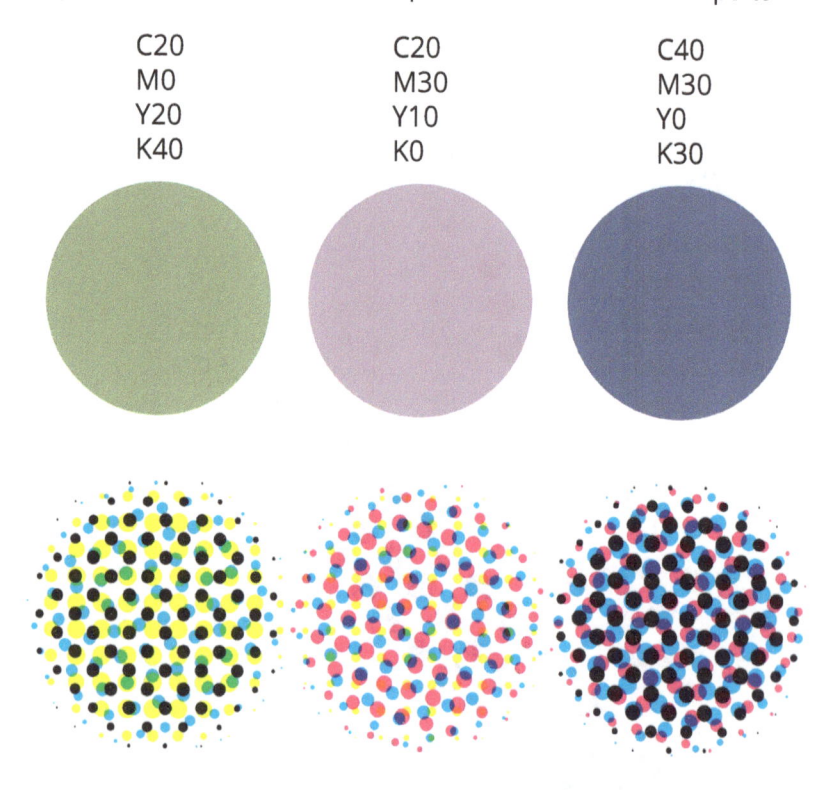

C20
M0
Y20
K40

C20
M30
Y10
K0

C40
M30
Y0
K30

Um efeito indesejado é o chamado *moiré* – pronuncia-se "muaré". Isso acontece quando duas ou mais retículas não estão nos ângulos corretos, produzindo texturas indesejadas que se repetem de maneira mais ou menos ritmada. Na Figura 4.35, foram geradas retículas a partir de uma das cores do exemplo anterior. Porém, os ângulos foram modificados. O resultado é que os padrões ficam se repetindo, formando uma espécie de quadriculado.

Figura 4.35 – Exemplo de efeito *moiré*

No cotidiano, não precisamos nos preocupar muito com esse problema. Uma ocasião em que esse efeito costuma aparecer é quando escaneamos e reproduzimos uma imagem que já foi impressa em *offset*. O conflito entre as retículas do original e as novas pode causar esse efeito.

O que determina o tamanho das retículas é a **lineatura**, que é a quantidade de linhas que cabem em uma polegada – *lines per inch* (lpi).

Figura 4.36 – Fotografia a 90 lpi e a 150 lpi

Tim UR/Shutterstock

Quanto maior a lineatura, maior a qualidade na reprodução da imagem. Na Figura 4.36, a maçã da esquerda foi reticulada a 90 lpi, e a da direita, a 150 lpi, o que não quer dizer que uma lineatura maior seja adequada a todas as situações. Por exemplo, em papéis mais absorventes, como o papel jornal, é preferível usar uma lineatura com linhas mais grossas, já que o papel pode absorver tinta demais (o ganho de ponto), manchando as partes que deveriam ser brancas e, consequentemente, borrando a imagem.

∴ Traço

Nem tudo que será impresso é transformado em retícula. As partes da arte que estiverem com 100% de cor não serão reticuladas e preservarão a arte com mais precisão. É o que chamamos de *traço*.

Tudo que for vetorial – inclusive o texto – e tiver 100% de alguma cor será reproduzido como traço. Se for menor do que 100%, a arte será reticulada, perdendo um pouco da precisão das linhas vetoriais. Por isso, é recomendado que textos mais extensos, com corpos de letra menores, sempre sejam reproduzidos com 100% de preto – ou 100% de outra cor –, para não ficarem borrados.

Figura 4.37 – Texto em traço e reticulado.

Oi! Oi!

Cores compostas podem ter partes traço e partes reticuladas. Um retângulo verde (30% de ciano e 100% de amarelo) será impresso sobrepondo um retângulo reticulado ciano a um retângulo amarelo.

Figura 4.38 – Mistura de retículas para gerar cores

Além dos objetos vetoriais, as imagens de 1-*bit*[1] também não são reticuladas. Esse recurso pode ser aproveitado para se conseguir uma reprodução mais precisa de imagens em preto e branco de alto contraste, como documentos e gravuras. Esse processo requer cuidados desde o escaneamento da imagem, então é preciso ter cautela.

∴ Overprint

Chamamos de *overprint* a característica de uma cor de ser impressa por cima de outras.

Na impressão sem *overprint*, é reservado um "buraco" para evitar que as cores se misturem.

---

1 Imagens com um modo de cor no qual cada *pixel* pode ser preto ou branco.

Figura 4.39 – Impressão sem *overprint*

Já na impressão em *overprint*, o que estiver marcado para ser impresso em *overprint* será impresso por cima dos outros elementos da página.

Figura 4.40 – Impressão em *overprint*

Se você aplicar uma cor e escolher *overprint*, ela se misturará às cores dos elementos que estiverem por baixo. Se os elementos forem pretos, não haverá maiores problemas – inclusive o padrão para texto preto é estar em *overprint*.

Figura 4.41 – *Overprint* sobre cores compostas

Contudo, cores mais claras acabam se misturando, o que pode gerar um efeito indesejado, conforme podemos observar na Figura 4.42.

Figura 4.42 – Efeitos do *overprint* na cor amarela

Nos *softwares* de diagramação e ilustração, o texto e outros elementos 100% pretos costumam já estar em *overprint*. Você provavelmente não precisará mexer nessas configurações, mas é importante saber o conceito para detectar possíveis problemas ou conseguir determinados efeitos. No InDesign, o *overprint* só é padrão se for usada a amostra de cor *black* padrão; logo, uma amostra de cor que não seja essa, mesmo que apresente 100% de preto, pode não estar em *overprint*. Portanto, cuidado com essas configurações.

4.7
Escolhendo cores para a impressão

Agora que você já sabe como as cores são reproduzidas nos processos de impressão, daremos algumas dicas sobre como conseguir os melhores resultados.

Primeiramente, é importante que você saiba que cada tipo de papel apresenta seu grau de tolerância de tinta. Um papel mais absorvente, como o papel jornal, tolera cores cuja soma das porcentagens de tinta não pode superar 240%. Por exemplo, uma cor com 100% de ciano, 100% de amarelo e 40% de preto – um tom de verde escuro – está no limite do aceitável para um papel jornal. Já os papéis revestidos – como o *couché* – toleram cores cuja soma das porcentagens pode chegar a até 300%.

:: Cuidado com o erro de registro

Digamos que você queira usar texto 100% amarelo em cima de um fundo azul (100% ciano e 50% magenta). Para que o texto apareça corretamente, as chapas ciano e magenta vão deixar um buraco para que seja impresso o texto em amarelo.

Figura 4.43 – Separação de cores

O perigo de composições como essa está no erro de registro, que é quando as chapas não se alinham perfeitamente.

Figura 4.44 – Simulação de erro de registro

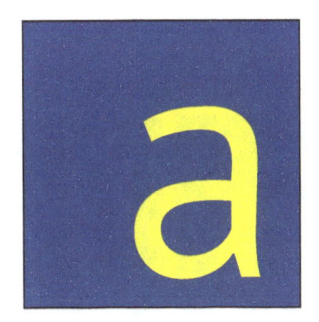

Quanto menores os elementos a serem impressos, menor a tolerância ao erro de registro. Por exemplo, um título composto em 44 pt ficará feio, mas será legível; já um texto de 12 pt não, podendo ficar ilegível.

Uma maneira de evitar esse tipo de erro é usar cores compostas pelas mesmas cores. Por exemplo, um texto amarelo (100%) sobre um fundo verde (100% de ciano e 100% de amarelo). As duas cores compartilham os 100% de amarelo, então não será necessário criar buracos para separar as cores.

Figura 4.45 – Exemplo de escolha de cores para disfarçar erro de registro

Lembre-se, ainda, que efeitos similares podem ser conseguidos com *overprint*. Texto ou outros elementos em *overprint* têm uma vantagem: não há preocupações com o erro de registro. O texto não precisará ficar exatamente em cima do vazado criado para ele, então a margem de erro é bem mais tolerável.

Figura 4.46 – Uso de *overprint* sobre retículas

Também é possível usar *overprint* em textos e objetos coloridos. Nesse caso, considere que as cores se misturarão, já que não será feito o buraco para preservar a cor do texto ou dos outros elementos.

∴ Como calçar o preto e os gradientes

Pequenas superfícies impressas 100% em preto apresentam realmente essa tonalidade, como é o caso de textos e fios. Porém, grandes superfícies, textos em fonte maior, títulos e bordas, quando impressos em 100% de preto, não ficam completamente pretos. Em papel jornal, o tom chega a ser amarronzado.

Para resolver isso, você pode calçar o preto, ou seja, acrescentar cores a ele, como 100% de ciano ou 100% de magenta. Assim, você obterá um tom mais escuro, que preenche mais. **Mas atenção**: novamente, cuidado com o erro de registro e use esse recurso somente em elementos grandes, pois em elementos pequenos o menor erro pode deixar o texto ilegível.

Essa técnica também pode ser aplicada aos gradientes. No entanto, devemos ressaltar que o uso de gradientes não é o ideal, visto que esse recurso pode ser usado facilmente de maneira errônea – e, portanto, apresentar um resultado pobre, que vai parecer um erro de impressão ou, no caso das capas, um trabalho escolar feito no WordArt.

De qualquer maneira, se você optar por usar um gradiente, cuide para que as duas cores misturadas compartilhem cores em sua composição. Por exemplo, digamos que você queira um gradiente que vá do amarelo ao preto. Se o seu amarelo for 100% de amarelo (C0M0Y100K0) e o seu preto for composto por 100% de preto (C0M0Y0K100), na impressão, teremos a sobreposição de dois gradientes: um que vai de 100% de amarelo a 0% de amarelo, e um que vai de 0% de preto a 100% de preto.

Figura 4.47 – Esquematização de gradiente sem calçar

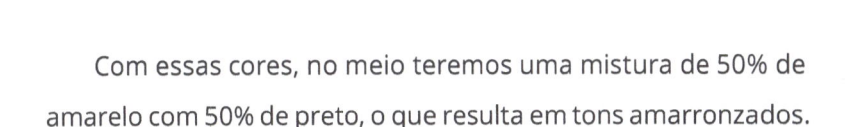

Com essas cores, no meio teremos uma mistura de 50% de amarelo com 50% de preto, o que resulta em tons amarronzados.

Figura 4.48 – Gradiente sem calçar

Para evitar esses tons indesejados, faça um gradiente que vá do amarelo ao preto. Para isso, use um preto "calçado", com mais uma tinta na composição, para conseguir tons mais escuros. Nesse caso, em vez do preto composto com 100% de tinta preta (C0M0Y0K100), iremos acrescentar a ele o amarelo (C0M0Y100K100).

Figura 4.49 – Esquematização de gradiente calçado

Na prática, será impresso um gradiente de preto em cima de um retângulo amarelo.

Figura 4.50 – Gradiente calçado

Com isso, somente o preto mudará de cor, pois o amarelo será preservado, conseguindo-se, assim, um resultado melhor e cores mais precisas.

∴ Cuidados a serem tomados na escolha das cores

Digamos que você queira colocar um texto preto em cima de um boxe de fundo colorido. A cor desse fundo inclui 30% de preto na composição.

Figura 4.51 – Uso de retícula e texto na mesma cor de tinta

O que acontece? A letra, em traço, acaba se mesclando à retícula de 30% do fundo, borrando um pouco os traços da letra e deixando-a, consequentemente, com aspecto "peludo". Para fundos, prefira cores que não incluam o preto na composição. Cores com proporções similares ou iguais de ciano, magenta e amarelo rendem bons fundos, pois são neutras o suficiente para não aparecerem demais, visto que se limitam a dividir linhas ou colunas.

Já para elementos muito pequenos, prefira a aplicação de cores puras. Afinal, por maior que seja a lineatura, a retícula vai aparecer.

Além disso, alguns elementos mais delicados podem simplesmente desaparecer quando submetidos a uma retícula; por isso, não conte com essa possibilidade – deixe as cores para elementos maiores.

Síntese

Neste capítulo, apresentamos os significados das diversas proporções de página; os métodos para subdividir a página em várias colunas; e as possibilidades e características que cada quantidade de colunas apresenta. Na sequência, indicamos as diferentes maneiras de se organizar o conteúdo de uma página, a fim de deixar claro qual conteúdo está subordinado a qual, ou como conseguir separá-los visualmente.

Em seguida, tratamos do processo de impressão, começando pela análise das maneiras de se aproveitar melhor o papel. Nesse sentido, demonstramos como ajustes sutis no formato do que vamos imprimir podem acarretar uma grande economia, assim como apontamos as vantagens e desvantagens das impressões digital e *offset*. Por fim, esclarecemos como as cores e imagens diagramadas em um computador são transformadas para serem impressas.

Questões para revisão

1. Sobre *grids*, podemos dizer:
   a) Um *grid* com número ímpar de colunas propicia páginas assimétricas e mais interessantes.
   b) Um *grid* de quatro colunas permite mais flexibilidade e variedade de soluções do que um *grid* de cinco colunas.
   c) O uso de um *grid* limita a criatividade de quem diagrama a página.
   d) O *grid* determina uma proporção ideal entre texto e imagem.

2. Como é obtida a cor laranja em um processo de impressão em quadricromia?
   a) As tintas magenta e amarela são misturadas no cilindro de impressão.
   b) É sobreposta uma impressão em laranja a uma em magenta; a transparência das tintas e a retícula fazem que, vista de longe, a cor laranja fique mais viva.
   c) A retícula da cor magenta sobre um papel amarelado resulta na cor laranja.
   d) É sobreposta uma impressão em amarelo a uma em magenta; a transparência das tintas e a retícula fazem que, vista de longe, a cor pareça laranja.

3. O que é o erro de registro?

    a) Quando as chapas de cada cor ficam desalinhadas, deixando a impressão borrada.

    b) Um efeito indesejado causado pelo desalinhamento das retículas de cada cor, causando uma textura.

    c) Quando as chapas de cada cor ficam desalinhadas, deixando a impressão mais viva.

    d) Quando uma cor é impressa sobre outra sem que haja um espaço sem tinta para que a cor permaneça pura.

4. Quantas colunas um jornal em formato *standard* costuma ter? Por que você acha que esse número foi escolhido?

5. Imagine que você está projetando uma revista de 32 cm de largura × 55 cm de altura. A gráfica trabalha com folhas de 64 cm × 88 cm. Quantas páginas caberiam? De que tamanho teria que ser a página para caber mais de uma na folha?

Para praticar

1. Reúna o que você já determinou do seu projeto gráfico – cores, famílias tipográficas, tamanhos de letra etc. Procure fotografias e textos, abra um documento – no InDesign ou até em um processador de texto – e teste diversos *grids* e configurações de colunas. Prepare várias alternativas e compare-as antes de decidir o formato e a colunagem do seu projeto gráfico. Caso você queira usar esse material em algum lugar, tenha cuidado com a questão de direitos autorais.

2. Retorne aos orçamentos que você pediu para sua publicação e veja se o tamanho da página que você escolheu para o projeto está dentro dessas medidas. Se não estiver, peça um novo orçamento e compare com os anteriores. Houve diferença de preço? O que você poderia fazer para reduzir os custos de impressão?

Capítulo
05

Ferramentas de edição e de publicação

Conteúdos do capítulo:

- Escolha de ferramentas.
- Organização de arquivos e do trabalho.
- Tipos de arquivos vetoriais e *bitmap*.
- Exemplo de trabalho com o Adobe InDesign.
- Algumas possibilidades do Adobe Photoshop.
- Apresentação do Adobe Illustrator.

Após o estudo deste capítulo, você será capaz de:

1. escolher os programas adequados a cada tarefa do processo de diagramação;
2. utilizar o Adobe InDesign para diagramar materiais que serão impressos.

Os princípios de *design* e tipografia que apresentamos até agora não surgiram com os computadores. Antes das fontes digitais, a composição do texto era feita com tipos de metal ou fotocomposição; as retículas das imagens não eram criadas por computadores, e sim por meio de recursos fotográficos; e os originais das publicações eram diagramados em pranchetas usando-se papéis e cola. Com o computador, o processo de diagramação não mudou tanto assim, embora tenha ficado bem mais fácil.

Tendo isso em vista, neste capítulo apresentaremos os principais programas para *design* impresso da suíte Adobe, com ênfase no InDesign.

Também abordaremos algumas questões sobre o fluxo de trabalho. A ideia é otimizar os processos de revisão, de trabalho em conjunto e de aprovação, o que exige comunicação entre a equipe. Mesmo que não haja um time, ter métodos para organizar os arquivos usados é fundamental para evitar problemas.

5.1
Montando a caixa de ferramentas

Neste capítulo, iremos nos concentrar nos *softwares* da Adobe, pois essa se tornou praticamente a única opção para o meio impresso – visto que a empresa comprou e eliminou alguns de seus concorrentes. No entanto, isso não significa que essa seja a única opção disponível, ou que devamos pagar pela suíte inteira.

Para decidirmos quais ferramentas usar, começaremos esclarecendo para que serve cada uma.

∴ Programas de diagramação

Os programas de diagramação são projetados para lidar com documentos de várias páginas, como livros, revistas, jornais e manuais. Para trabalhar com grandes volumes de texto, eles têm ferramentas de edição de texto e correção ortográfica e não priorizam a qualidade de visualização do texto que aparece no monitor, chegando a representá-lo com linhas cinzas, o que economiza recursos do computador. Há também ferramentas de desenho, mas com recursos bem limitados se comparados aos *softwares* de ilustração vetorial.

Na suíte Adobe, o programa com essas funções é o **Adobe InDesign**, que substituiu o Adobe PageMaker. Seu maior concorrente é o **Quark XPress**, programa que perdeu muito mercado devido à falta de atualizações – no Brasil, isso ocorreu também devido à falta de suporte técnico. No campo do *software* livre, a opção é o **Scribus**.

Fora essas opções, há alguns programas mais amadores, como o **Pages**, da Apple; o **Publisher**, da Microsoft; e editores de texto como **Word** e **OpenOffice**. Dependendo da necessidade, esses programas podem até substituir o InDesign.

∴ Programas de ilustração vetorial

Os programas de ilustração vetorial se diferenciam dos programas de diagramação pela ênfase na ilustração e no desenho. Vários deles não têm a possibilidade de usar várias páginas, podendo ficar lentos se usados para diagramar grandes quantidades de texto. O *software* de ilustração mais conhecido é o **Adobe Illustrator**.

Além do Illustrator, temos entre os *softwares* profissionais o **Affinity Designer**, recentemente lançado; o **Sketch**, voltado para a *web*; e o livre e gratuito **Inkscape**. Em relação aos programas mais amadores, temos o Draw, incluso no OpenOffice, e o CorelDRAW.

∴ Programas de edição de imagens

Os programas de edição de imagens foram desenvolvidos para editar imagens *bitmap*, feitas de *pixels*. Podem ser usados de diversas maneiras: para tratar imagens, para fazer pintura digital e montagens, entre outras.

O *software* mais famoso é o **Adobe Photoshop**, tão conhecido que deu origem ao neologismo *photoshopar*. Outras opções são o **Affinity Photo** e o **Gimp** – esse último livre e gratuito.

Perguntas & respostas

Mas eu precisarei de todos esses *softwares*?

Talvez não. É preciso analisar as necessidades do projeto para avaliar quais *softwares* são indispensáveis e quais são substituíveis.

A Adobe oferece planos mensais, uma espécie de aluguel do *software*. A mensalidade de um único *software* custa pouco menos da metade da mensalidade de um plano que inclui todos os programas (até mesmo os de edição de áudio e vídeo). Apesar de ser uma oferta tentadora, esses programas podem não ser utilizados no dia a dia.

Para projetos de diagramação maiores, você provavelmente não vai querer abrir mão do InDesign. Contudo, pagar a licença do Photoshop para editar uma imagem de vez em quando pode ser um desperdício, considerando que há programas mais simples e mais baratos (ou até gratuitos) que fazem essa tarefa. Se precisarmos editar textos de documentos do InDesign, talvez seja melhor pagar a metade do preço por uma licença do InCopy. Optar pelo uso de *softwares* livres também pode ser uma alternativa viável em casos em que o orçamento seja limitado.

No entanto, lembre-se de que as licenças podem incluir outras vantagens, como acesso a fontes tipográficas e espaço de armazenamento em nuvem, o que pode compensar o investimento.

O importante é saber quais suas necessidades e seu orçamento antes de pagar por *softwares* que você não usará.

∴ **Versões de *softwares***

A versão do programa é um fator importante. Há programas cujos arquivos podem ser abertos em qualquer versão do programa; outros, não. Um arquivo gerado no Photoshop CC 2015 geralmente não dá problemas ao ser aberto em versões anteriores. O Illustrator somente abre arquivos da versão utilizada no material ou anteriores, embora permita salvar arquivos que possam ser abertos em versões bem antigas. Já o InDesign permite salvar no formato IDML, mas esse formato só pode ser aberto pela versão imediatamente anterior.

Você precisará considerar tudo isso na hora de usar um programa ou de fazer *upgrades*. Se você precisa apenas do acesso ao seu arquivo do InDesign, você pode usar qualquer versão. Porém, se houver mais pessoas precisando fazer alterações no mesmo arquivo, todas terão de estar usando a mesma versão, pois exportar em versões antigas é contraproducente.

∴ Personalizando os programas

A maioria dos programas permite que seus usuários customizem suas maneiras de trabalhar. Digamos que você usa muito uma função que, por padrão, não tem um atalho de teclado configurado. A melhor opção é configurar um atalho para não ter de perder tempo procurando essa função no menu.

Também é possível configurar o espaço de trabalho; por exemplo, se você não trabalhará com elementos interativos, o painel com essas funções somente ocupará espaço na sua tela.

Salve suas configurações de área de trabalho e suas preferências, pois isso agilizará seu trabalho.

∴ Computador

Agora que já explicamos o essencial sobre os *softwares* utilizados na produção editorial, vamos falar dos *hardwares*. Embora não seja necessário um computador excepcional, a necessidade de potência aparecerá em trabalhos mais complexos, com mais páginas, mais imagens etc. Se seu computador consegue rodar o Microsoft Office, provavelmente conseguirá rodar programas da suíte Adobe.

O mais importante é que você consiga trabalhar com conforto. Para isso, tenha uma mesa de altura adequada, com suporte para que o monitor fique na altura de seus olhos. Se você utiliza *notebook*, providencie um suporte para elevá-lo, bem como teclado e *mouse* externos.

Lembre-se que o monitor é um fator importante para se trabalhar confortavelmente com diagramação. Felizmente, monitores de alta resolução (1.920 × 1.080, ou *Full HD*), que disponibilizam bastante espaço para trabalhar, estão cada vez mais baratos. Caso seja necessário mais espaço, há ainda opções de monitores com 2.560 × 1.080 *pixels* (proporção de cinema) e 2.560 × 1.440 *pixels*.

> Na hora de escolher seu monitor, preste mais atenção na resolução do que no tamanho do monitor em si. Afinal, o mesmo que cabe em um monitor *Full HD* de 21 polegadas caberá um monitor *Full HD* de 24 polegadas.

Além do uso de um monitor adequado, outra forma de facilitar o trabalho é o uso de dois monitores (ou um *notebook* mais um monitor), pois isso possibilita que você possa fazer consultas em um monitor menor enquanto usa o monitor maior para trabalhar. Se estivermos trabalhando com documentos verticais, um monitor com o recurso de girar a tela pode ser bem útil para visualizarmos a página em um tamanho maior.

Por último, é importante ter cuidado com a calibragem do monitor. Os monitores mais populares não são precisos o suficiente para o tratamento de fotografias, por exemplo. Basta mudar um pouco o ângulo de visão que as cores já se modificam. Nesse caso, até é possível fazer ajustes, mas não vamos ter uma previsão acurada de como a foto ficará impressa. Levar tratamento de imagem a sério implica não só em um monitor que possa ser calibrado, mas também em manter a luz do ambiente sempre uniforme, sem a variação da luz natural, que afeta a visualização das cores no monitor.

5.2
Fluxo de trabalho

Seja trabalhando sozinho, seja trabalhando em equipe, é muito importante organizar os arquivos do trabalho. A adoção de métodos evita dúvidas sobre qual arquivo é a versão correta, qual arquivo já passou por revisão, quais fotografias já foram tratadas, qual arquivo deve ser enviado para a gráfica etc. Observe a seguir algumas dicas que o ajudarão a se organizar:

- Organize seus arquivos em pastas, com nomes que possam ser entendidos por todas as pessoas envolvidas.
- Tenha pastas separadas para arquivos que serão reutilizados, como *templates* e bibliotecas.

- Se o seu projeto usar muitas imagens, deixe-as em uma pasta separada e salve as versões escolhidas ou editadas em outra pasta.
- Mantenha todos os arquivos de um mesmo projeto juntos. Salve as imagens da internet ou do *e-mail*, para evitar ter de procurá-los depois.
- Apague somente arquivos que você tem certeza que são redundantes ou não serão utilizados.
- Arquive em outras pastas ou em discos externos os projetos já terminados.
- Tenha à mão cópias dos arquivos que você precisa instalar em seu computador, como fontes, arquivos de preferências e perfis de cor. Isso será útil caso o computador precise ser formatado ou substituído.

Importante!

Quem tem uma única cópia de um arquivo não tem nenhuma. Por isso, faça *backups* dos seus arquivos – se possível, mais de um.

Uma solução fácil para não se perder arquivos é salvá-los em pastas sincronizadas com serviços de arquivamento em nuvem, como Dropbox e Google Drive. Assim, caso aconteça algum problema com seu computador, seus arquivos estarão prontos para ser ressincronizados em outro computador. Se preferir, tenha cópias em discos externos ou *pendrives*. O importante é ter um plano B em caso de emergência.

Plataformas como Dropbox, Google Drive, Adobe Creative Cloud também facilitam o trabalho em equipe. É mais fácil pedir a um colega para acessar as pastas compartilhadas do que enviar um arquivo por *e-mail*. A sincronização de pastas também é útil para quem trabalha em mais de um computador – por exemplo, o computador de casa e do escritório, ou o computador de mesa e o *notebook*.

É bem comum nos depararmos com arquivos com nomes como *Jornal 11-ok-revisado-vale-este_ok*, o que pode gerar confusões. Caso precise trabalhar com mais gente, procure algum sistema de controle de versões, para ter certeza de qual é o arquivo que está valendo e evitar trabalhar no errado. A suíte Adobe tem várias ferramentas que podem ajudar nesse controle.

Outra questão que devemos ressaltar é a da comunicação. O *e-mail* ainda é onipresente em organizações, e também há pessoas que preferem se comunicar e enviar arquivos via *chat*. Uma ferramenta interessante para atualizar uma equipe sobre o andamento de um trabalho é o **Slack**, que concentra todas as informações de um projeto em um único lugar. Para transferência de arquivos, pode ser mais útil trabalhar com armazenamento em nuvem. Veja qual solução é mais adequada e proponha à sua equipe trabalhar dessa maneira. Procure também soluções para fazer revisões de texto e aprovações. O importante é conseguir uma comunicação que seja eficiente, evitando confusões e consequentes atrasos no trabalho.

5.3
Tipos de imagem e de arquivos

Há muitos arquivos de imagem além do conhecido JPG. Para trabalharmos com diagramação, devemos conhecer alguns deles e suas características, assim como saber qual a finalidade de cada tipo de arquivo – para arquivar, enviar para a gráfica, enviar para a revisão ou aprovação etc. – e o que é necessário para que cada um seja aberto como deveria.

∴ *Bitmap*, vetor e modos de cor

Antes de mais nada, precisamos esclarecer dois conceitos importantes sobre como as imagens são armazenadas pelos computadores.

Bitmap, também chamado *raster*, é o nome dado aos arquivos de imagem compostos por *pixels*. Observe, na Figura 5.1, um círculo preto, composto por *pixels* de vários tons de cinza, e outro preto, composto apenas por *pixels* pretos.

Figura 5.1 – Imagens compostas por *pixels*

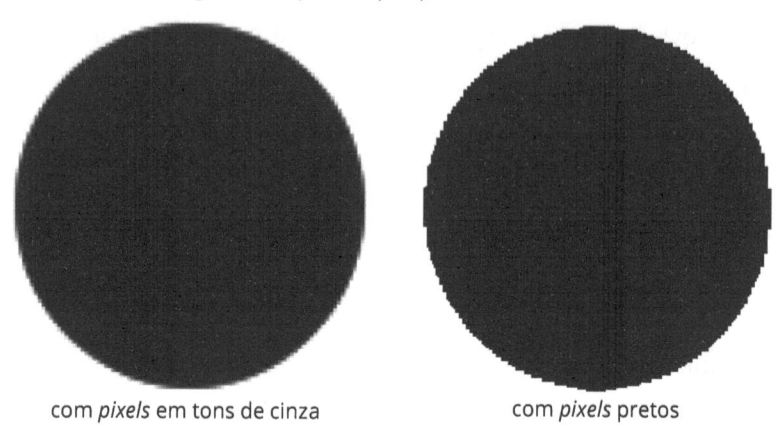

com *pixels* em tons de cinza   com *pixels* pretos

Existem, também, imagens que são definidas por cálculos matemáticos, chamadas de *vetor*. Na Figura 5.2, há um círculo preto com as alças de controle que determinam a direção das curvas que o compõem.

Figura 5.2 – Captura de tela mostrando os elementos de uma imagem vetorial

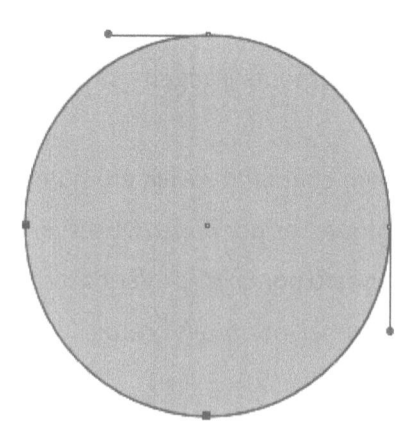

Cada tipo de imagem tem suas vantagens e desvantagens. Arquivos vetoriais costumam ser mais leves e não dependem de resolução – um desenho vetorial pode ser usado na capa de uma revista ou para adesivar um prédio. Já arquivos *bitmap* podem armazenar texturas mais complexas, como é o caso de uma fotografia.

Também há vários casos de imagens que combinam os dois tipos. Uma página pode combinar elementos vetoriais, os textos, com elementos *bitmap*, as fotografias. Os próprios programas de edição vetorial importam e exportam formatos *bitmap*, assim como o Photoshop trabalha e exporta vetores.

Arquivos vetoriais

- **INDD (*InDesign Document*)**: É o formato de arquivo do InDesign. Contém informações de estilos, textos, posicionamento das imagens, entre outros. Esse formato não inclui as imagens linkadas, a menos que sejam deliberadamente embutidas no arquivo.
- **IDML (*InDesign Markup Language*)**: É uma opção de formato do InDesign que permite que o arquivo seja aberto em uma versão anterior do programa.
- **AI**: É o formato de arquivo do Illustrator. Contém informações de estilos, textos, posicionamento das imagens, entre outros. Por padrão, não inclui as imagens linkadas.

- **PDF (*Portable Document File*)**: É um formato que pode ser gerado de várias maneiras. O InDesign e o Photoshop exportam nesse formato, enquanto o Illustrator o salva de maneira nativa. O PDF pode ser exportado com qualidade alta (para impressão) ou baixa (para visualização); pode ter elementos interativos, como som e vídeo; pode ser protegido contra cópia e exigir senha para ser visualizado. Embora aqui ele apareça entre os arquivos vetoriais, ele não pertence necessariamente a essa categoria. Em virtude dos seus recursos de paginação, é muito usado para enviar documentos escaneados, por exemplo.
- **EPS (*Embedded Post Script*)**: Esse formato de arquivo é uma imagem que inclui elementos vetoriais e, se for o caso, *bitmap*. Se importada em outro programa, a imagem EPS será impressa com a informação dos vetores que ela contém, mantendo a qualidade.
- **SVG (*Scalable Vector Graphics*)**: Formato vetorial usado, principalmente, na internet. De licença livre, é o formato usado pelo Inkscape, embora também seja suportado pelo Scribus.

Arquivos de imagem *bitmap*

- **JPG ou JPEG (*Joint Photographic Experts Group*)**[1]: É o formato de imagem mais conhecido, tipicamente usado em fotografias e na internet. É um formato de compressão com perda, ou seja, arquivos menores terão menor qualidade. Seu algoritmo de compressão o torna ideal para fotografias, ilustrações com algum tipo de textura, imagens com gradientes e qualquer outra imagem com muita informação de cor. O JPG suporta vários modos de cor: *grayscale*, RGB e CMYK. Embora não tenha suporte para transparência, é possível incluir um canal alfa, que pode ser interpretado por alguns programas como transparência.
- **GIF (*Graphics Interchange Format*)**: Formato de imagem que pode ser tanto animado quanto estático. O GIF suporta um único nível de transparência – o *pixel* é transparente ou não é. Como não suporta CMYK, não é um formato confiável para usar em impressão.

---

1   Grupo que desenvolveu esse tipo de imagem.

- **PNG (*Portable Network Graphic*)**: Os arquivos PNG estão sendo cada vez mais usados na internet, pois suportam vários níveis de transparência e os modos de cor indexado e RGB. Assim como o GIF, não suporta o modo CMYK. Pode conter informações vetoriais.
- **TIFF (*Tagged Image File Format*)**: Trata-se de um formato sem compressão – ou com compressão sem perda –, o que garante o máximo de qualidade. Suporta vários modos de cor, entre eles *1-bit*, *grayscale*, RGB, CMYK e *duotone*. As versões mais recentes do Photoshop permitem salvá-lo com camadas e transparências.
- **PSD (*Photoshop Document*)**: É o arquivo nativo do Photoshop, sem compressão. Suas características são similares às dos arquivos TIF. Os arquivos PSD têm sido preferidos para usar imagens recortadas. Pode conter informações vetoriais.

Conforme apresentamos, alguns arquivos suportam determinados modos de cor. O modo de cor é a maneira como o arquivo vai armazenar as informações de cor de cada pixel do arquivo. Os principais modos são:

- ***Bitmap* de *1 bit***: Cada *pixel* é preto ou branco, sem cinzas. Como já explicado, são imagens que se comportam de modo peculiar na impressão. Use com precaução.

- *Grayscale*: Cada *pixel* tem um tom de cinza. Geralmente, são 256 tons entre o branco e o preto.
- **RGB**: Cada *pixel* tem uma cor, composta pela combinação do valor do vermelho, do verde e do azul. Cada canal geralmente armazena 256 tons de cinza, o que resulta em 16,8 milhões de cores.
- **CMYK**: Cada *pixel* armazena determinada quantidade de cada cor, em porcentagem.
- *Duotone*: Cada *pixel* armazena qual a quantidade de cada tinta (duas, no caso do *duotone*) que será usada.

∴ Resolução

Você já deve ter ouvido a expressão "em 300 dpi" ao alguém solicitar que uma imagem seja enviada em alta qualidade. Contudo, esse número não indica o tamanho da imagem. É como se perguntássemos a distância entre Salvador e Maceió e nos respondessem "80km/h". Vejamos a seguir como isso funciona.

Dpi é a sigla em inglês para pontos por polegada (*dots per inch*). Trata-se de uma medida relativa que não está diretamente relacionada à qualidade da imagem, e sim ao tamanho real dela e ao tamanho máximo que ela pode atingir em uma impressão de boa qualidade.

Um arquivo de imagem tem uma quantidade de *pixels* que, em si, não representa uma medida em centímetros ou polegadas.

Essa medida surgirá quando determinarmos a resolução do arquivo – os dpi. Como estamos falando de imagens digitais, é válido salientar que *ponto* e *pixel* são equivalentes.

Por exemplo, uma fotografia tirada com uma câmera de 12 *megapixels* tem, aproximadamente, 3.000 × 4.000 *pixels*. Em centímetros, a medida dessa foto dependerá de sua resolução. Se decidirmos que queremos 72 *pixels* em cada polegada, teremos uma imagem de 1,06 m × 1,41 m (42 dpi × 56 polegadas, aproximadamente).

Essa quantidade de *pixels* é adequada para a internet, ou para uma plotagem em jato de tinta que será vista de longe. Porém, uma impressão de maior qualidade, como a *offset* em papel couché, precisa de mais *pixels* para alcançar resultados bons na hora da conversão em retículas. Assim, serão necessários, pelo menos, 300 *pixels* em cada polegada.

Voltemos à nossa foto de 3.000 dpi × 4.000 *pixels*. Como precisamos de 300 dpi, temos *pixels* suficientes para cobrir uma superfície de até 25,4 cm × 33,9 cm – quase uma página inteira de revista.

É importantíssimo entender esse conceito para garantir a qualidade das imagens e saber o que é possível ou não fazer com elas. Na prática, não precisamos mais ficar fazendo cálculos ou convertendo imagens. O InDesign, no painel *info*, mostra os valores de *actual ppi* (a resolução nativa da imagem) e *effective ppi* (a resolução real, calculada a partir do tamanho que a imagem tem no InDesign).

Figura 5.3 – Painel *Links* do Adobe InDesign

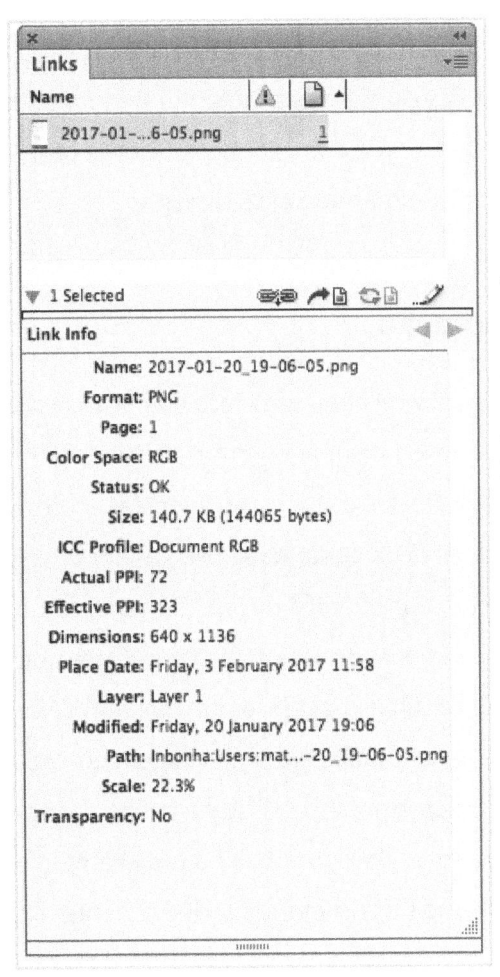

Telas de produtos da Adobe reproduzidas com permissão da Adobe Systems Incorporated[2]

---

2 Todas as telas de produtos da Adobe foram reproduzidas com a permissão da Adobe Systems Incorporated.

Com o recurso do painel *Links*, a foto pode estar na resolução que for; basta ficar de olho para que os *effective ppi* não fiquem abaixo da resolução que precisamos – 300 dpi, no caso de revistas; menos em outros tipos de impressão. No exemplo, importamos uma imagem de 72 dpi no InDesign. Como estamos usando essa imagem em um tamanho pequeno, conseguimos 323 dpi efetivos, o que é qualidade suficiente para a impressão offset – desde que mantido esse tamanho.

∴ Interpolação

Digamos que você recebeu uma foto que ficaria linda ocupando a largura inteira da página. O fotógrafo havia garantido que a imagem estava em 300 dpi, mas, ao importar a foto, ela ficou com dez centímetros de largura. Ao aumentá-la, a resolução efetiva começou a cair. Assim, você decide aumentá-la no Photoshop. A dica nesses casos é: desista. Não tem mágica que resolva.

Ao aumentar uma imagem, o *software* terá de inventar *pixels* onde não há. O resultado será uma imagem borrada, sem definição. Nesses casos, é preciso solicitar a imagem em alta definição ou usar outra foto. Na Figura 5.4, há um exemplo de como fica uma imagem que foi aumentada artificialmente no Photoshop.

Ferramentas de edição e de publicação

Figura 5.4 – Comparação entre imagens interpoladas artificialmente e a imagem original

Imagem de
200 × 200 *pixels*

Imagem de
1.300 × 1.300 *pixels*
gerada a partir da imagem
de 200 × 200 *pixels*

Imagem de
1.300 × 1.300 *pixels* obtida
a partir da original, sem
interpolação

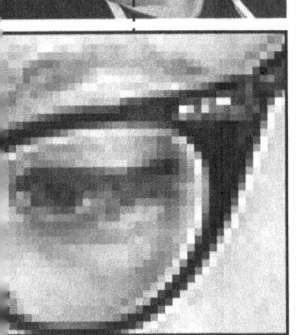

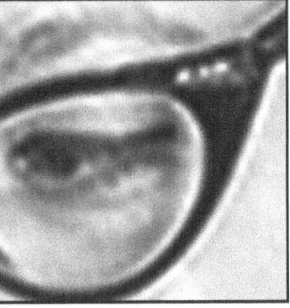

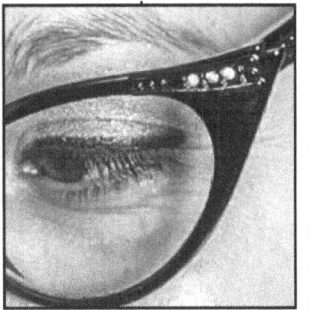

Creatista/Shutterstock

Na imagem da direita, podemos ver a foto em alta definição. Na imagem da esquerda, temos a versão reduzida da foto, que se tornou pixelada na versão aumentada. Na imagem do meio, temos a tentativa de tratamento via Photoshop. Embora a segunda imagem pareça melhor que a primeira, sua qualidade compromete os detalhes da foto, visto que ficou borrada.

5.4 Adobe InDesign

A primeira coisa que vemos quando o InDesign carrega é a tela de boas-vindas, com vários atalhos para se criar um documento novo ou para abrir documentos recentes. Podemos configurar o programa para que não exiba essa tela.

A seguir, na Figura 5.5, você pode conferir como criar um arquivo novo, seja escolhendo a opção na tela de boas-vindas, seja no menu *File* → *New* → *Document* (atalho: Ctrl + N).

Figura 5.5 – Painel *New Document* do Adobe InDesign

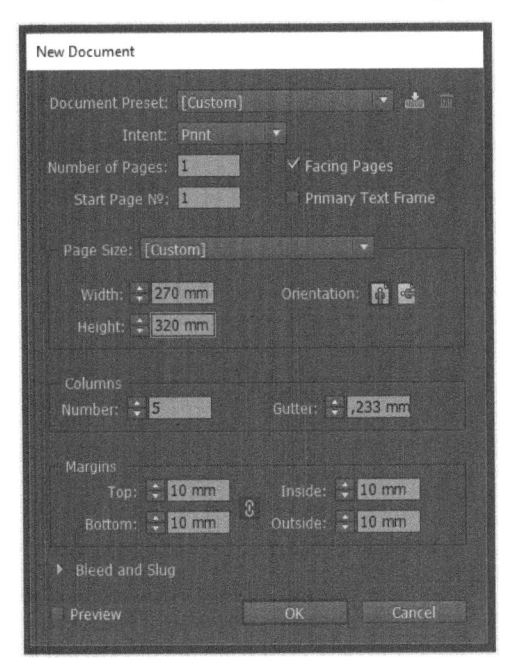

Conforme é possível perceber, a criação de uma nova página exige a definição de alguns itens. Observe a seguir a função de cada um deles.

- *Document Preset*: Formatos predefinidos – você pode incluir seus próprios formatos.
- *Save preset* **(botão ao lado da lixeira)**: Salva a configuração para ser aproveitada depois.
- *Intent*: Define qual será a natureza do material – impresso, *web* ou publicação digital.
- *Number of Pages*: Quantidade de páginas da publicação.

- ***Facing Pages***: Recurso opcional para que as páginas fiquem uma ao lado da outra – páginas duplas.
- ***Start Page Nº***: Número da primeira página do arquivo. Comece no um se a capa for diagramada nesse mesmo arquivo. Se a capa for diagramada separadamente, comece a contagem no três.
- ***Primary Text Frame***: Determina a colocação de uma caixa de texto em cada página. Recurso útil para livros, por exemplo.
- ***Page Size***: Tamanho da página.
- ***Width*** e ***Height***: Inserção manual da largura e altura da página.
- ***Orientation***: Escolha da orientação entre vertical e horizontal.
- ***Columns***: Número de colunas da página (*Number*) e largura do espaço entre elas (*Gutter*).
- ***Margins***: Margens da página. Caso o ícone da corrente esteja inteiro, as margens terão o mesmo valor. Clique no ícone da corrente para escolher valores diferentes.
- ***Bleed and Slug***: Faz aparecer mais opções. A *bleed* (ou sangria) cria uma marcação que indica a "sobra" necessária para que não fiquem bordas brancas nas imagens que "sangrem" – ou seja, que serão cortadas no momento de refilar a revista. Já *slug* se refere ao espaço que comporta as marcas de corte, cruz de registro e outras marcações usadas na impressão.
- **Botão *OK***: Cria o documento.
- **Botão *Cancel***: Cancela a operação.

Talvez nos campos de medidas você não veja números, mas sim indicações como "5p0". Essa é a medida em paicas e pontos, que são subdivisões da polegada. Para ver as medidas em milímetros, mude a configuração nas preferências do InDesign.

Ao você clicar em OK, abrirá a página que você acabou de configurar.

Figura 5.6 – Página vazia

Com as configurações da Figura 5.5, a tela e a página ficarão como na Figura 5.6.

∴ Diagramando uma página

Nesta seção, explicaremos como diagramar, passo a passo, uma página simples, com título, indicador de seção, número de página, uma foto (com legenda e crédito), título, gravata, matéria e um olho.

Antes de começarmos, é importante esclarecer que o InDesign trabalha com caixas nas quais é possível colocar textos e imagens – ou simplesmente podemos colori-las no programa. Existem muitas possibilidades de caixas, mas usaremos aqui, primeiramente, as retangulares. Observe a seguir o passo a passo:

1. Em primeiro lugar, precisamos configurar o arquivo. Aqui, usaremos um *grid* de cinco colunas.
2. Depois, devemos colar o texto. Também é possível importá-lo de um arquivo de texto existente, por meio do comando *File* → *Place*.
   Se colarmos o texto diretamente, o InDesign criará uma caixa para conter o texto. Também podemos criar a caixa, clicar nela para editar o texto e, então, colar o texto, que correrá dentro da caixa.

Figura 5.7 – Texto aplicado na página I

A caixa de texto tem uns quadradinhos brancos nos cantos e nas laterais, que servem para redimensioná-la. Quando nos aproximarmos do desenho das colunas, a caixa grudará nelas e o cursor mudará de cor.

Figura 5.8 – Texto aplicado na página II

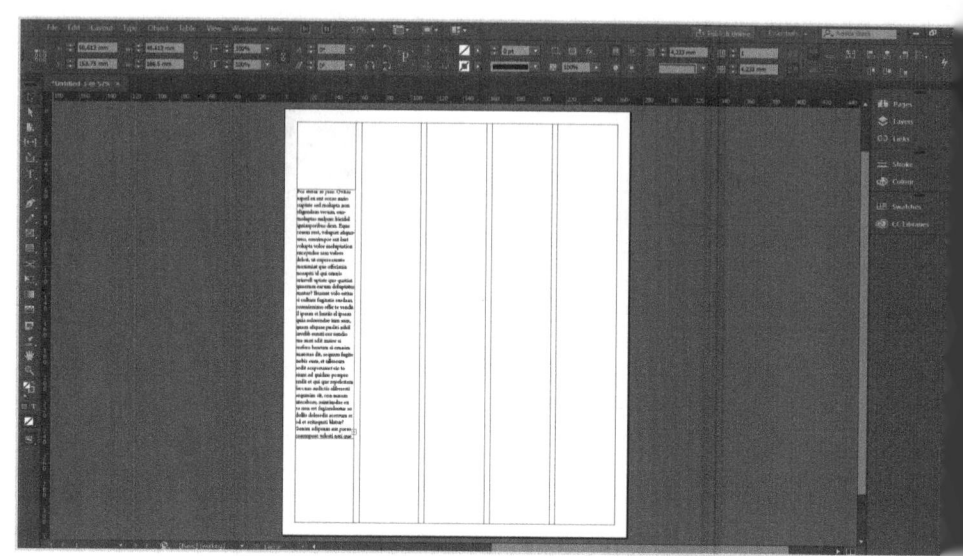

A caixa tem vários outros quadradinhos que indicam várias coisas. Perceba que um deles provavelmente tem contorno vermelho, com o símbolo "+". Isso significa que há mais texto do que cabe na caixa. Clicando nele, o cursor mudará. Podemos então clicar e arrastar para abrir uma caixa nova com o restante do texto, ou clicar em uma caixa de texto já existente para que o texto continue nela.

Na sequência, importaremos a imagem, por meio do comando File → Place. Assim como acontece com o texto, a imagem pode ser importada para um quadro já existente. Caso nenhum quadro esteja selecionado, o cursor terá uma prévia da imagem. Clicando apenas uma vez, a imagem aparecerá no seu tamanho real.

Figura 5.9 – Foto aplicada na página I

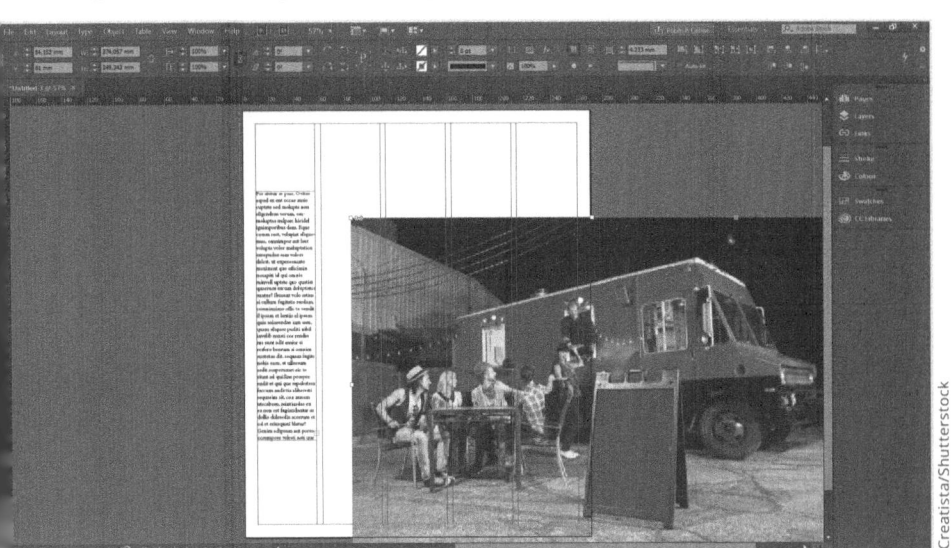

Se você clicar em um quadro que já existe, a imagem ficará dentro dele; no entanto, caso você queira clicar e arrastar, poderá definir o tamanho que a imagem deve ficar.

Figura 5.10 – Foto aplicada na página II

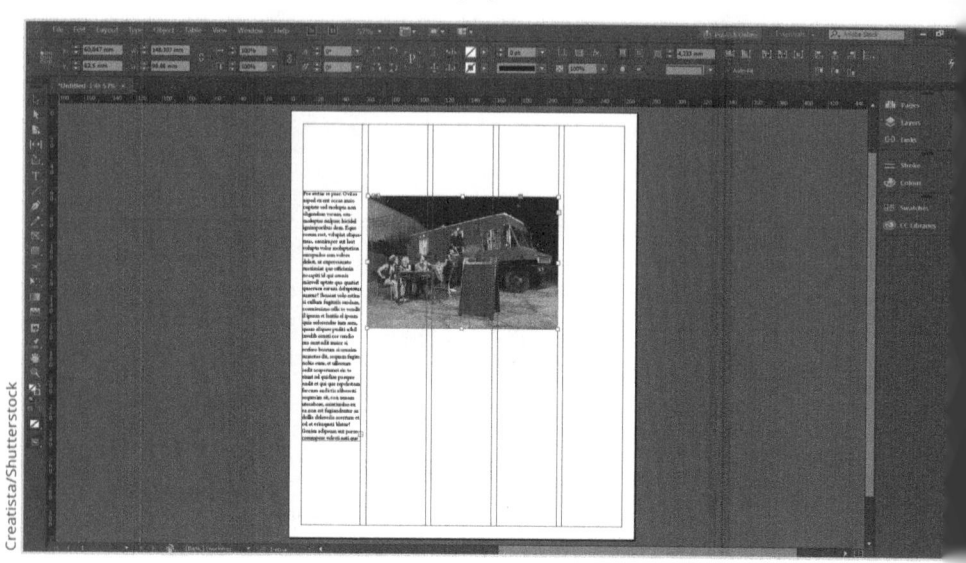

Creatista/Shutterstock

Mudar o tamanho do quadro não afeta a imagem, somente o enquadramento dela.

Ferramentas de edição e de publicação

Figura 5.11 – Foto aplicada na página III

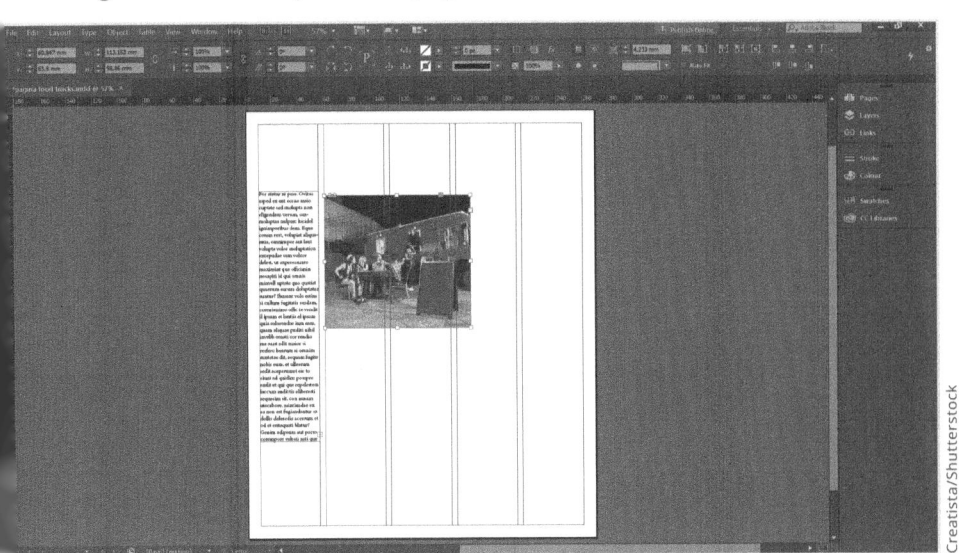

Creatista/Shutterstock

Para modificar o tamanho da imagem, podemos fazer duplo clique nela. Assim, aparecerá uma borda na cor marrom, que podemos usar para modificar as proporções da imagem.

Figura 5.12 – Foto aplicada na página IV

Lembre-se de tomar muito cuidado com as proporções! Para não distorcer a imagem, mude o tamanho dela com a tecla "Shift" do teclado pressionada.

Figura 5.13 – Redimensionamento da foto aplicada na página

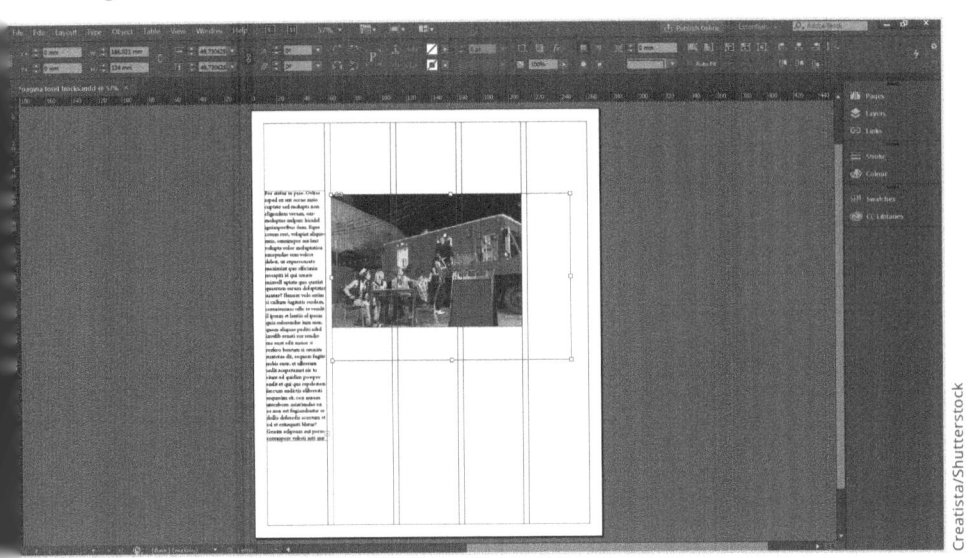

É possível ajustar o quadro e a imagem de maneira automática, no menu Object → Fitting. Experimente as opções e veja o que acontece com a imagem e com o quadro. Só tenha cuidado com a opção Fit Content to Frame, pois ela estica a imagem para caber em todo o quadro, distorcendo-a. Após experimentar as opções, deixe a imagem ocupando três colunas de largura.

Reserve um espaço no alto da página para o cabeçalho. Em seguida, deixe uma caixa ocupando duas colunas, à esquerda da foto, para o título; outra caixa, abaixo desta, para a gravata; e cinco caixas para a matéria.

Sua página deve ficar mais ou menos assim:

Figura 5.14 – Editando propriedades do texto

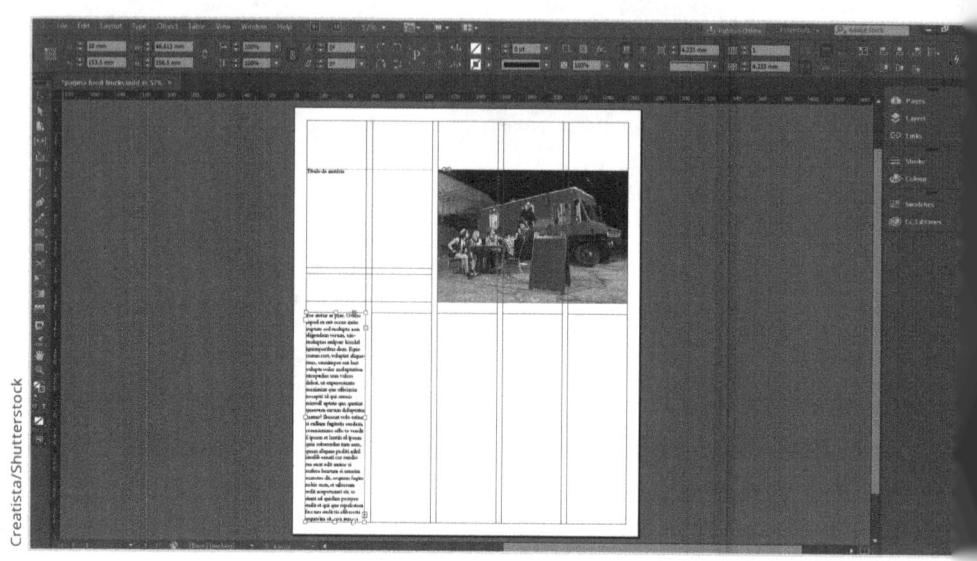

Após isso, experimente os recursos de que dispõe: escreva título, gravata, alinhamento, fonte, recuo, tamanho da letra, entrelinha, ligue ou desligue a hifenização etc. Ao testar diversas possibilidades, você descobrirá a utilidade de cada parâmetro.

Na barra de ferramentas superior, você poderá alternar entre as configurações de caractere e de parágrafo – os botões à esquerda. Se preferir, use os painéis da direita.

Figura 5.15 – Editando propriedades do texto I

Creatista/Shutterstock

Nossa página já está tomando forma! Agora clique no quadradinho vermelho com um "+" e clique nas outras caixas de texto vazias para fazer o texto correr.

Figura 5.16 – Editando propriedades do texto II

Para diagramar o cabeçalho, primeiramente invente um nome para a seção e formate o texto. Na sequência, precisaremos definir um número de página. Para isso, crie uma caixa de texto pequena em um canto da página. Clique nela para que apareça o cursor de inserção de texto, mas não escreva nada. Vá ao menu _Type_ → _Insert special character_ → _Markers_ → _Current page number_.

Figura 5.17 – Inserindo números de página

Ao fazer isso, aparecerá o número 1, mas não se trata de um número 1 qualquer. Você inseriu um caractere especial, que mudará caso você mude essa caixa de página. Para conferir isso, experimente arrastar a caixa para fora da página. Ao fazer isso, você perceberá que o conteúdo mudará para "PB" (*pasteboard*, a área para fora da página). Formate essa caixa como você faria com qualquer texto.

Figura 5.18 – Inserindo números de página I

Para ajudar a diferenciar as seções da nossa publicação, colocaremos um retângulo colorido. Para isso, selecione a ferramenta retângulo e desenhe um retângulo no cabeçalho.

Figura 5.19 – Modificando objetos

Em seguida, selecione as cores do retângulo. Os elementos que podem ser coloridos, nesse caso, são: preenchimento e contorno. Nesse caso, deixaremos o contorno sem cor.

Há várias maneiras de se selecionar cores; aqui, faremos isso clicando no painel *Swatches*, de amostras de cor.

Caso pareça que o número da página sumiu, não se preocupe: o retângulo apenas está tampando ele e outros objetos. Por isso, colocaremos o retângulo atrás desses objetos, no menu *Object* → *Arrange* → *Send to back*.

Esse cabeçalho não precisa ser desenhado toda vez que for necessário usá-lo. Podemos incluí-lo na chamada **página-mestra** (*master page*) ou em uma **biblioteca** (*library*). Esses recursos serão explicados no final desta seção.

Figura 5.20 – Modificando objetos I

Creatista/Shutterstock

Por último, colocaremos um olho no meio da matéria. O olho será um texto colorido entre dois fios da mesma cor. Para isso, siga os seguintes passos:

- prepare uma caixa de texto, formate o texto e aplique uma cor;
- com a ferramenta *linha*, desenhe duas linhas, uma em cima e outra em baixo;
- modifique a linha na barra superior ou no painel *Stroke* – espessura, estilo, pontilhado e cor.

Ferramentas de edição e de publicação

Figura 5.21 – Modificando objetos II

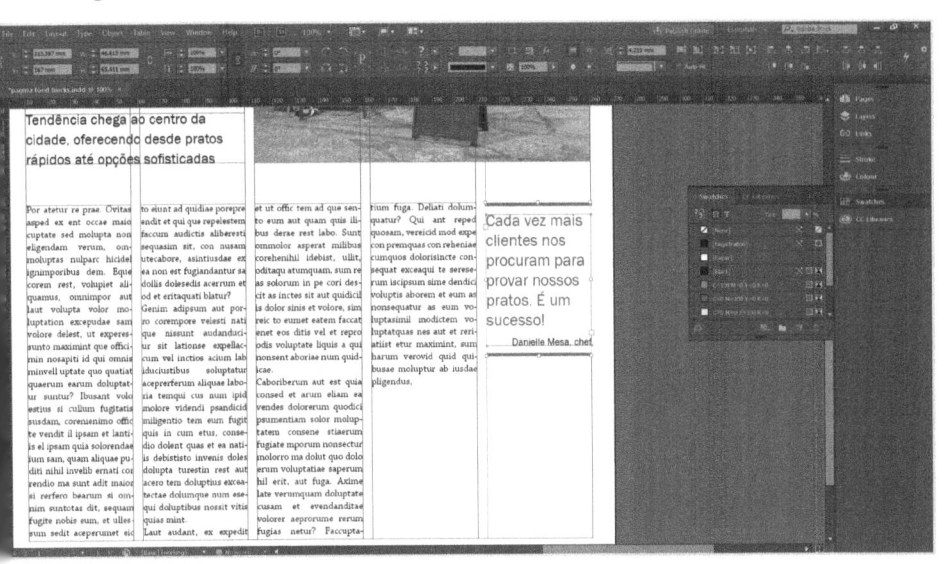

Para facilitar, seria bom que esse conjunto de três elementos se comportasse como se fosse um só. Para isso, podemos agrupar os elementos da seguinte forma: _Object_ → _Group_ ou Ctrl + G. Quando agrupados, o fio ao redor do grupo fica pontilhado.

Figura 5.22 – Elementos antes e depois de serem agrupados

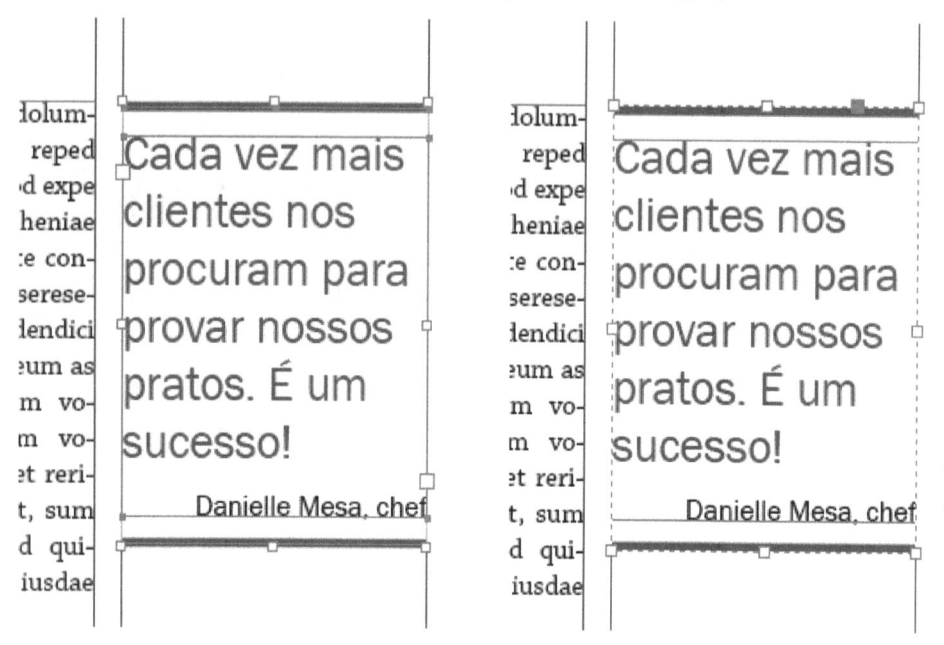

Arraste o grupo para o meio do texto, entre duas colunas, para dar uma quebrada no *grid*. Claro que não deixaremos o texto sobreposto. Configuraremos nosso grupo para que o texto passe ao redor dele. Novamente, podemos fazer isso na barra superior ou no painel *Text Wrap*.

Figura 5.23 – Painel *Text Wrap*

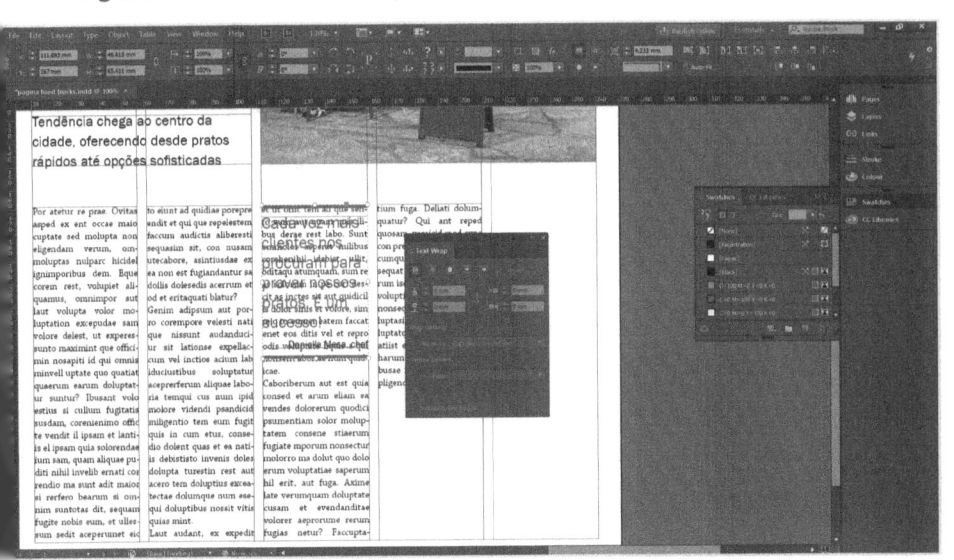

Teste os botões. O primeiro deixa o objeto sem "defesa"; o segundo, cria um espaço retangular, ainda que o objeto tenha forma irregular; o terceiro, obedece ao formato do objeto; o quarto, elimina as linhas completas; e o quinto faz o texto terminar antes do objeto. No painel também há opções, caso queiramos regular o espaçamento ou deixá-lo diferente em cada lado.

Figura 5.24 – Painel *Text Wrap* I

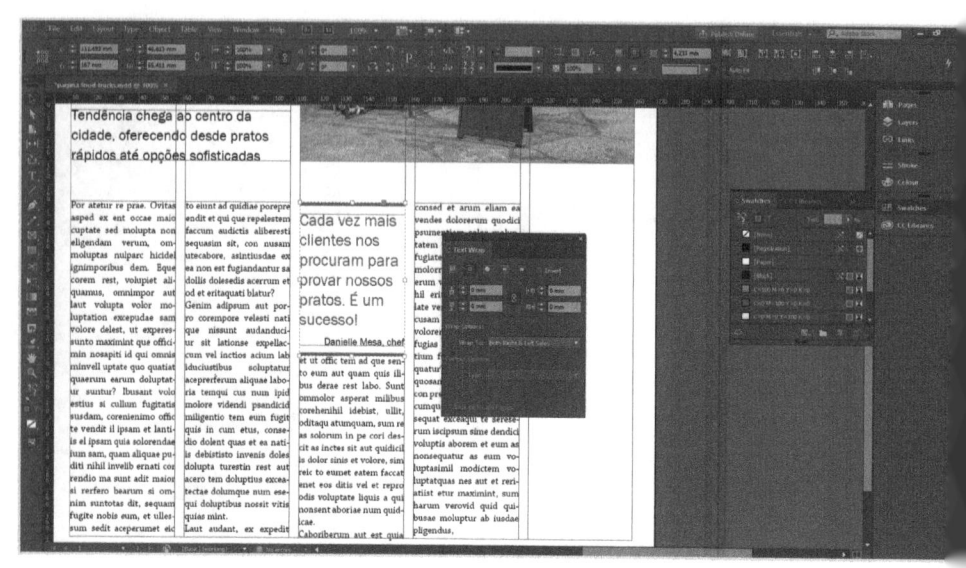

Esse recurso pode ser aplicado em qualquer objeto. Podemos aplicá-lo, por exemplo, em uma caixa de texto – para garantir que não fique nenhum texto sobreposto; em uma imagem; em qualquer tipo de quadro; ou para facilitar a diagramação. Para reproduzir o desenho dessa página, bastaria usar uma única caixa de texto para a gravata e a matéria. A caixa de texto ficaria dividida em três colunas – sim, uma caixa de texto pode ser dividida em colunas. Com uma defesa no quadro da foto, a diagramação ficaria igual.

Agora, propomos um desafio: crie um boxe igual ao da próxima imagem.

Ferramentas de edição e de publicação

Figura 5.25 – Página com boxe

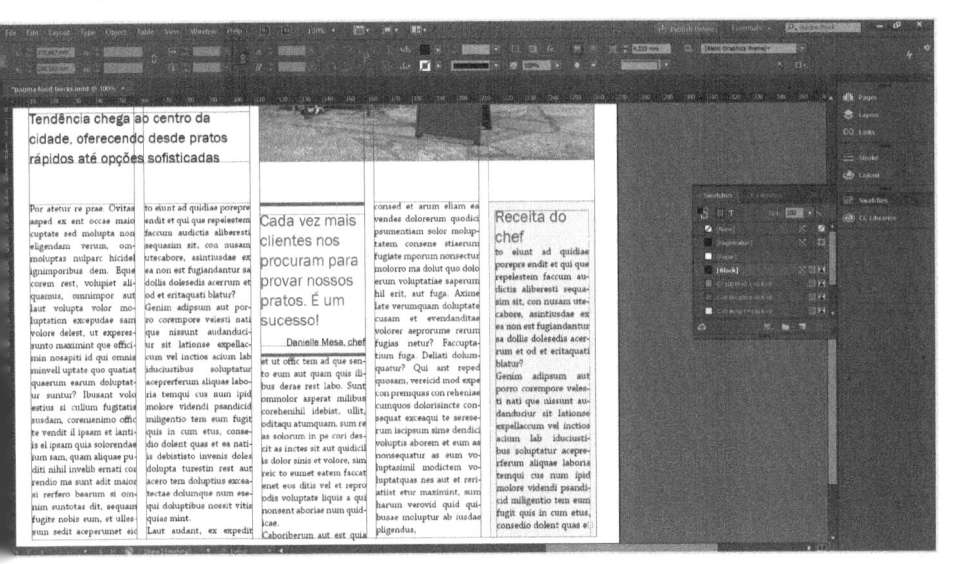

Por último, criaremos alguns padrões para facilitar a aplicação e a padronização de estilos.

Estilos são configurações de parâmetros predefinidos. O InDesign tem estilos de caractere, de parágrafo, de gráfico, de tabela etc. Você precisa que um retângulo fique em determinado tom de amarelo, com borda de 2 pontos 100% de ciano? Só clicar no estilo e pronto. Você acabou de colar um monte de texto e precisa deixar no padrão? Só clicar no estilo.

O uso de estilos também permite mudar os parâmetros de todos os elementos marcados com ele. Por exemplo, acabamos de diagramar um livro e marcamos todo o texto com um estilo chamado *Texto*. Como o texto era menor do que o esperado, podemos nos dar ao luxo de aumentar um pouco o corpo do texto e a entrelinha, visto que não precisamos marcar novamente todos os elementos; basta alterar o estilo *Texto* para que todas as instâncias mudem automaticamente.

Vamos então criar estilos para nossos quatro tipos de texto. Para isso, definiremos primeiramente alguns estilos de parágrafo (em inglês, *Paragraph Styles*). Podemos criar um estilo vazio clicando no ícone de folha em branco embaixo do painel de estilos de parágrafo: Window → Styles → Paragraph Styles. O estilo receberá o nome padrão *Paragraph Style 1* e, até que seja editado, será igual ao estilo padrão do InDesign, chamado *Basic Paragraph Style*.

Figura 5.26 – Criação de estilos de parágrafo

Outra maneira de criar um estilo é selecionar um trecho de texto que já tenhamos configurado e, em seguida, clicar no ícone de criação de um novo estilo. Assim, será criado um estilo com as configurações do texto que escolhemos.

Figura 5.27 – Criação de estilos de parágrafo I

É importante salientar que o texto que usamos de amostra para criar o estilo não terá o estilo aplicado automaticamente. Caso queira utilizar esse texto, lembre-se de aplicar o estilo e, para isso, basta selecionar o texto e clicar no nome dele. Ao aplicar estilos de parágrafo, lembre-se que o parágrafo todo receberá o que você está aplicando.

Importante!

As informações de um estilo vão muito além de fonte, cor, tamanho e entrelinha de um texto.

Para configurar as opções de parágrafo, clique com o botão direito sobre o nome do estilo e escolha a opção *Edit Paragraph Style 1* – você pode até mesmo mudar esse nome para outro mais fácil de achar.

Figura 5.28 – Criação de estilos de parágrafo II

Após clicar nessa opção, aparecerá a janela da Figura 5.29.

Figura 5.29 – Painel de opções de estilo de parágrafo

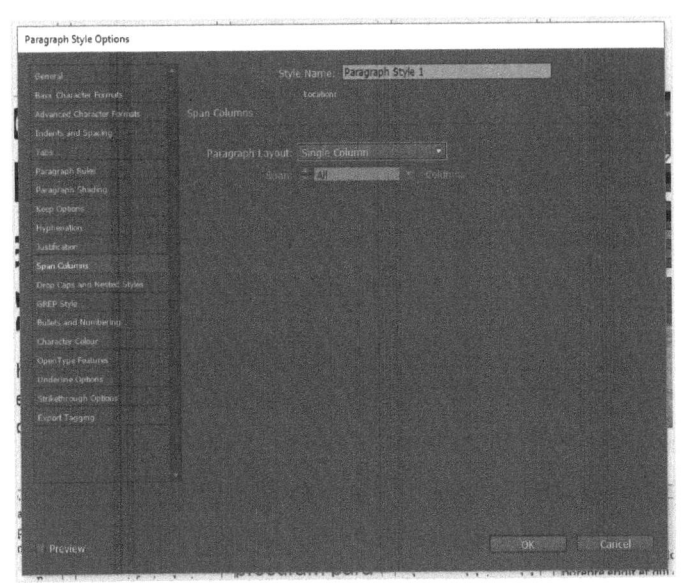

Cada item da coluna da esquerda é um conjunto de configurações do estilo de parágrafo. Observe a seguir a função de cada uma delas.

- *General*: Podemos mudar o nome do estilo, o estilo a que ele está subordinado e/ou o estilo que será aplicado ao parágrafo seguinte.
- *Basic Character Formats*: Fonte, tamanho, estilo, efeitos e ligaduras.
- *Advanced Character Formats*: Mudanças na proporção dos caracteres e definição do idioma do texto (essa configuração é muito importante).

- **Indents and Spacing**: Alinhamento do parágrafo, recuos, margens etc.
- **Tabs**: Tabulação, recurso usado para tabelas e recuos nas margens laterais.
- **Paragraph Rules**: Permite colocar linhas para dividir os parágrafos.
- **Paragraph Shading**: Aplica preenchimentos e cores de fundo aos parágrafos. Muito útil para boxes.
- **Keep Options**: Configura quais estilos não podem aparecer separados. Um estilo de título, por exemplo, pode ser configurado para sempre ficar colado no estilo seguinte, evitando-se, assim, que um título fique solitário no fim da página.
- **Hyphenation**: Configurações de hifenização, como tamanho mínimo das palavras que podem ser hifenizadas e limite de linhas hifenizadas consecutivas. Para funcionar direito, é preciso configurar o idioma do estilo, na opção *Advanced Character Formats*.
- **Justification**: Configura o quanto o programa alterará os espaçamentos das palavras ao justificar um texto.
- **Span Columns**: Permite que o estilo ocupe, em uma caixa de texto com várias colunas, a largura de duas colunas ou mais. Útil para títulos e olhos.
- **Drop Caps and Nested Styles**: *Drop Caps* são as letras capitulares usadas em começos de capítulo (aquelas letras grandes). *Nested Styles* (estilos aninhados) é um recurso que permite

aplicar automaticamente outros estilos dentro do estilo que criamos. Por exemplo, podemos configurar a primeira linha do nosso texto para ficar em *bold* (negrito)
- ***GREP Style***: Aplica estilos a sequências de caracteres que coincidam com a sequência definida em uma expressão regular – códigos específicos para encontrar sequências de caracteres. Por exemplo, suponhamos que temos um texto no qual queremos que as placas de carro fiquem de outra cor. Para isso, usamos a expressão regular [A-Z]{3}-[0-9]{4} e determinamos que a toda sequência correspondente a essa expressão seja aplicado um estilo de caractere específico.
- ***Bullets and Numbering***: Estilos específicos para listas (pontos ou números).
- ***Character Color***: Cores das letras.
- ***OpenType Features***: Se estivermos usando fontes OpenType, podemos configurar o comportamento delas, como ligaduras e caracteres especiais. Tudo depende das propriedades das fontes OpenType.
- ***Underline Options***: Configurações de texto sublinhado.
- ***Strikethrough Options***: Configurações de texto riscado.
- ***Export Tagging***: Configurações para quando o texto for exportado em formato html ou ePub, para uso em livros eletrônicos.

Depois de configurarmos os estilos, podemos aplicá-los nos diversos elementos do texto. Se importarmos novos textos, podemos aplicar o estilo simplesmente clicando no nome deles. Além disso, como mencionamos anteriormente, se modificarmos o estilo, todos os elementos marcados com ele mudarão automaticamente.

Há outros tipos de estilo, com configurações similares. Os estilos de caracteres (*Character Styles*), por exemplo, não se aplicam a um parágrafo inteiro, e sim a alguns caracteres em particular. Também há estilos para objetos e tabelas, que também funcionam de maneira similar.

Outros elementos que facilitam o trabalho de manter os padrões são as páginas-mestras (*Master Pages*) e as bibliotecas (*Libraries*). As páginas-mestras permitem que certos elementos fiquem armazenados nelas, como cabeçalhos, números de páginas, fólios e marcadores de seção. Assim, não é necessário diagramar as partes que são padronizadas: basta indicar em um modelo de página-mestra que teremos uma página com os elementos-padrão já inseridos.

Já as bibliotecas são arquivos nos quais é possível armazenar elementos pré-diagramados. Podemos incluir cabeçalhos, olhos, boxes, fotografias com legenda e crédito, ou até conjuntos de matérias com foto. Isso poupa o trabalho de termos de desenhar toda vez cada elemento que compõe nossa publicação.

Estilos, bibliotecas, páginas-mestras, entre outros recursos, economizam muito tempo durante a elaboração de publicações – desde que invistamos tempo em preparar esses recursos e aprender a usá-los. O tempo necessário para aprender a usar esses recursos e preparar elementos pré-diagramados é minúsculo, se comparado ao tempo que será economizado durante os processos de diagramação.

5.5
Adobe Photoshop

O Photoshop é um programa que pode ser usado de diversas maneiras na edição e criação de imagens *bitmap*. É possível utilizar o programa para tratar fotos, criar imagens e ilustrações e fazer montagens fotográficas. Nossa intenção, porém, é mostrar como o Photoshop pode ser usado em ajustes básicos e para preparar imagens para a impressão.

É comum ouvirmos os termos *photoshopada* ou *tem photoshop* aplicados a imagens que foram evidentemente tratadas. No entanto, toda fotografia profissional passa por um tratamento – provavelmente feito no Photoshop. Isso é algo perfeitamente aceitável. As fotografias não saem prontas da câmera digital. As cores precisam ser ajustadas para serem impressas.

Contudo, cuidado para não se exceder. Imagens jornalísticas devem seguir os preceitos éticos da profissão. Um bom parâmetro é nos limitarmos a fazer ajustes nas cores, sem fazer montagens nem combinar elementos de outras fotos. Mesmo assim, tenha cuidado para não exagerar no tratamento a ponto de comprometer a imagem, tanto do ponto de vista da informação quanto do estético.

Enquanto o InDesign importa as imagens, em vez de modificar diretamente o arquivo original, o Photoshop abre o arquivo de imagem diretamente, permitindo que salvemos as modificações feitas por cima do arquivo. Isso implica em alguns perigos, como salvar alterações por cima de uma imagem que queríamos preservar.

Na sequência, veremos como se edita uma foto no Photoshop. Para isso, começaremos abrindo uma imagem (pode em qualquer formato).

Figura 5.30 – Ajuste de imagem

As possibilidades de ajustes do Photoshop servem tanto para tratar uma imagem que ficou muito escura ou muito clara como para deixar ela adequada para impressão. Começaremos fazendo um ajuste simples de brilho e contraste. Vá em *Image* → *Adjustments* → *Brightness and Contrast*.

Figura 5.31 – Ajuste de brilho e contraste

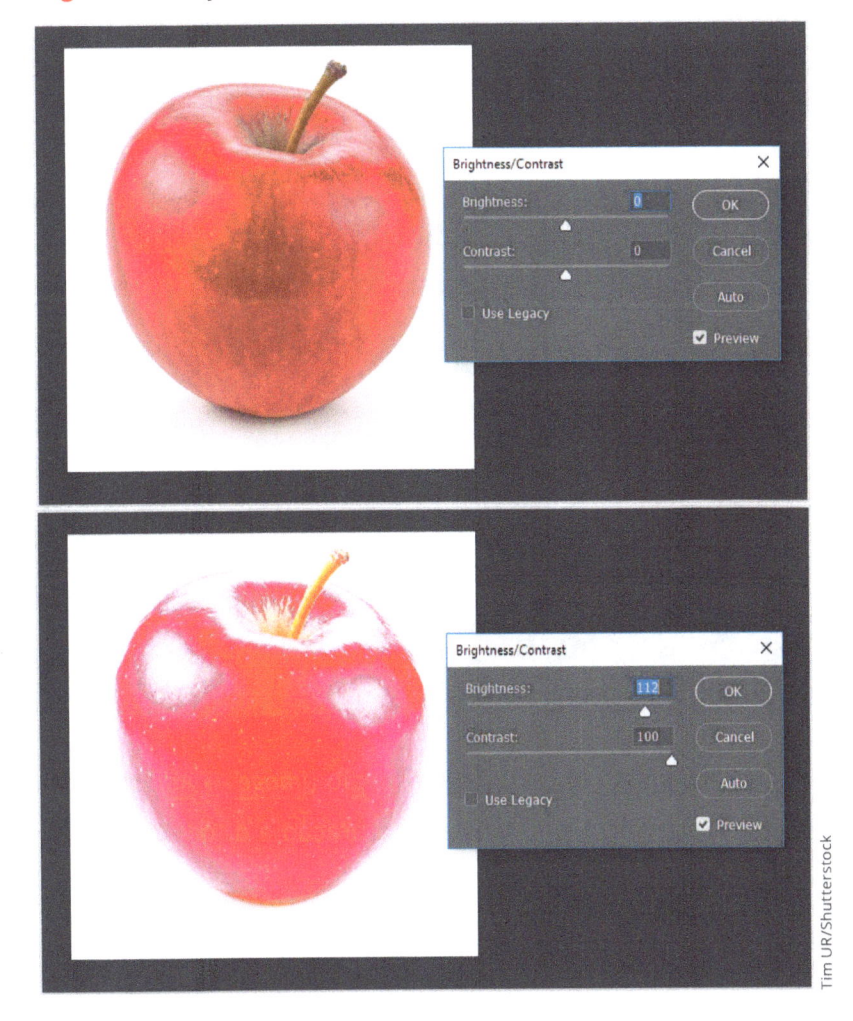

Tim UR/Shutterstock

Dentro do menu *Adjustments* também temos as opções *Levels* e *Curves*. No *Levels*, podemos arrastar os controles para determinar a partir de qual nível a cor será preta, a partir de qual nível será branca, e qual será o cinza médio da imagem – mesmo que ela seja colorida. Também é possível alterar canal por canal. O controle das curvas (*Curves*) é um pouco mais complexo. O desenho das curvas permite alterar brilho, contraste e curvas ao mesmo tempo.

Figura 5.32 – Ajuste de curvas

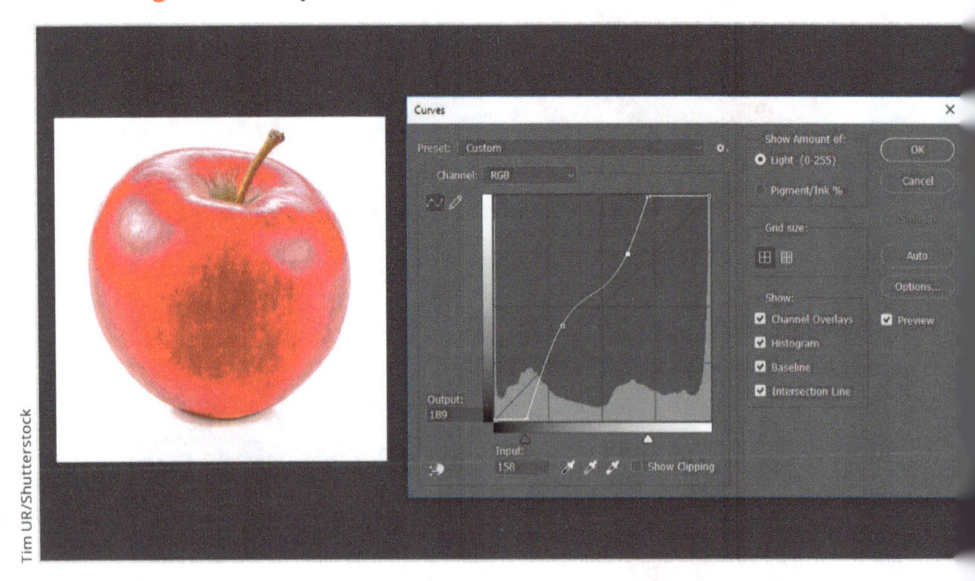

Tim UR/Shutterstock

Outro ajuste útil é o de saturação (*Image* → *Adjustments* → *Hue/Saturation*), que ajusta a saturação e o tom das cores da imagem. Há vários outros ajustes possíveis, como converter uma foto para preto e branco, inverter cores, ajustar cores específicas etc.

Para recortar e reenquadrar, dispomos da ferramenta *Crop*, que nos permite facilmente eliminando as partes que não nos interessa usar. Também é possível girar a imagem no processo.

Figura 5.33 – Ferramenta *Crop*

Tim UR/Shutterstock

Esses ajustes também podem ser feitos em partes específicas da imagem. Para isso, usaremos ferramentas para selecionar a parte que queremos tratar. Selecionar uma parte da imagem serve também para recortarmos, eliminarmos o fundo, escolhermos uma parte para fazer uma montagem, entre outras possibilidades. É possível selecionar retângulos da imagem, polígonos, cores determinadas, entre outros. Saber fazer uma boa seleção é o começo de um bom trabalho com o Photoshop.

Figura 5.34 – Imagem com linha tracejada que indica a área selecionada

Tim UR/Shutterstock

A parte selecionada ficará com um contorno pontilhado que se move. Essa delimitação nos permite fazer ajustes de curvas, brilho, saturação ou até eliminar a parte que foi selecionada.

Outro recurso é a divisão da imagem em camadas (*layers*), que nos permitem fazer sobreposições e montagens. Cada camada pode conter um elemento, que fica separado dos outros.

Figura 5.35 – Painel de camadas

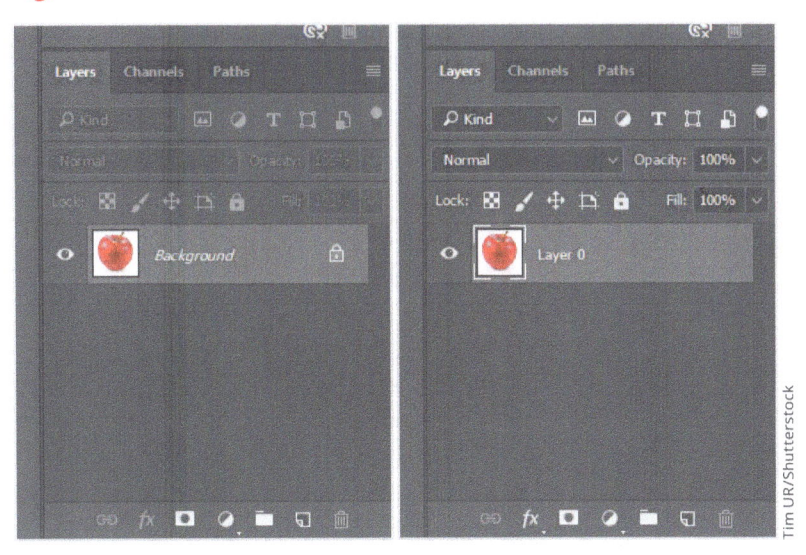

Por padrão, quando abrimos uma imagem, há uma camada de plano de fundo (*background*). Essa camada, diferente das outras, não tem transparência. Se retirarmos algum pedaço da imagem, veremos um fundo branco ou colorido.

Figura 5.36 – Imagem com fundo transparente

Tim UR/Shutterstock

Para recortarmos uma imagem e deixar o fundo transparente, precisamos transformar o *background* em um *layer*. Para isso, basta fazer duplo clique sobre o nome do *background* que ele se transformará em um *layer*. Uma vez recortada a imagem, ela estará pronta para ser importada no InDesign ou Illustrator – ou para ser usada de outra maneira.

Para definir o tamanho da imagem, abriremos as opções de tamanho. Vá no menu *Image* → *Image Size*.

Figura 5.37 – Painel de tamanho da imagem

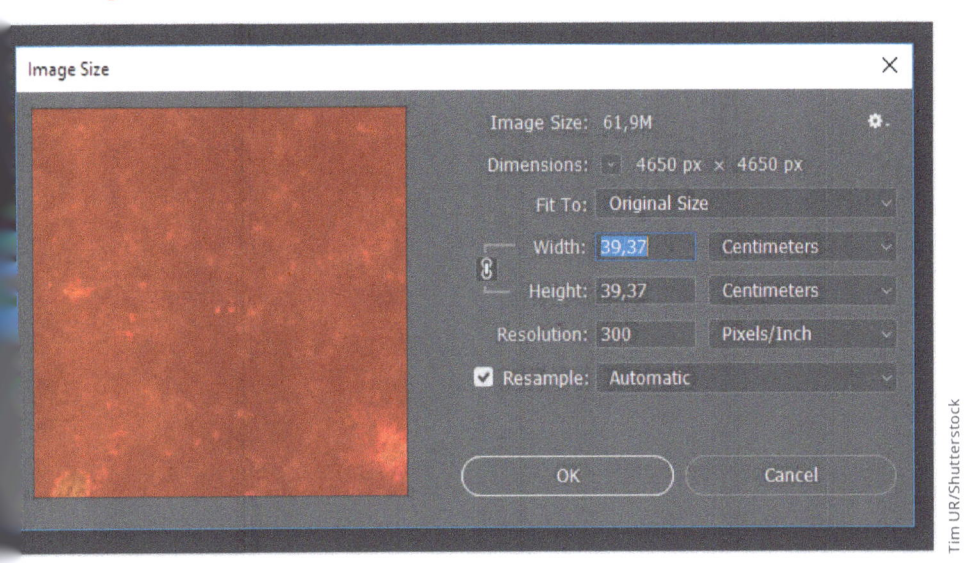

Conforme demonstrado na Figura 5.37, esse recurso apresenta uma série de elementos. Observe a seguir a função de cada um.

- *Image Size*: Tamanho estimado, sem compressão, em *kilobytes* ou *megabytes*.
- *Dimensions*: Largura e altura, em *pixels*.
- *Width* e *Height*: Largura e altura da imagem. É possível visualizar em centímetros, polegadas, *pixels*, porcentagem etc.
- *Resolution*: Resolução da imagem em pontos por polegada (dpi) ou pontos por centímetro.

- **Constrain Proportions** (símbolo de corrente): Quando ligada, essa opção mantém as proporções de largura e altura da imagem.

- **Resample**: Quando ligada, essa ferramenta permite redimensionar a imagem, aumentando ou diminuindo a quantidade de *pixels* – lembrando que não dá pra aumentar a quantidade de *pixels* de uma imagem já existente sem que haja perda de qualidade. Abaixo dessa opção, aparece o modo como a imagem será aumentada ou diminuída.

Repare que algumas opções não podem ser modificadas se a opção *Resample* estiver desligada. Nesse caso, só é possível modificar a resolução e as medidas nominais da imagem.

Em relação às opções de modos de cor, podemos recorrer ao menu *Image* → *Mode*. Tipicamente, trabalharemos com imagens em RGB. Muitas vezes, porém, mudaremos as configurações para o modo *grayscale* (caso estejamos trabalhando com materiais que serão impressos em uma única cor) ou para CMYK (modo adequado para impressão).

Contudo, mudar uma imagem para CMYK é mais complicado do que parece. As configurações para converter as cores do RGB para CMYK dependem do tipo de impressão. Por exemplo, no papel jornal é possível que as cores CMYK somem até 240%, enquanto em papéis revestidos esse valor pode chegar a 300%.

O ganho de ponto do papel jornal também é usado para calcular como as cores serão convertidas. Além disso, é preciso ajustar a composição do preto das imagens – com mais tinta preta ou misturando outras tintas.

Nesses casos, é recomendado conversar com o pessoal da gráfica, para que eles orientem as configurações certas de conversão. Dependendo da importância, também é possível terceirizar o serviço de tratamento de imagens.

Com o uso de perfis de cor, também é possível nos despreocuparmos e enviar as imagens em RGB, que serão convertidas no processo de pré-impressão.

5.6
Adobe Illustrator

Aqui classificamos tanto o Illustrator quanto o InDesign como programas vetoriais. A diferença é que o InDesign foi projetado para lidar com grandes quantidades de páginas e de texto, e o Illustrator para trabalhar com ilustrações acuradas e precisas. Assim, esse *software* apresenta vários recursos de cores, gradientes etc. Apresentaremos brevemente a interface do programa, visto que ele apresenta várias similaridades com o InDesign e o Photoshop.

Figura 5.38 – Tela do Illustrator com *artboards*

Empresas jornalísticas maiores podem optar por fluxos de trabalho que incluam programas mais complexos, que combinem ferramentas de diagramação com *softwares* de edição de texto e gerenciamento de conteúdo. Há várias empresas, como Atex, Woodwing e EidosMedia, que fornecem sistemas nos quais, por exemplo, uma pessoa trabalha no *layout* da página enquanto outra escreve o texto e seleciona as fotografias dentro do banco de imagens do próprio sistema.

São soluções que facilitam a tarefa de todo mundo, mas que também são bastante onerosas. Dessa forma, as organizações pequenas, que não precisam de um sistema tão complexo, podem usar o **InCopy**, da própria Adobe, que é uma espécie de editor de texto que sincroniza com o InDesign. Quem estiver diagramando a página pode selecionar uma caixa de texto e criar uma "tarefa" para quem estiver redigindo. A pessoa responsável pelo texto saberá o tamanho que o texto precisa ficar, de acordo com o espaço disponibilizado, e as duas pessoas podem trabalhar ao mesmo tempo em uma página.

Outra solução interessante é o **Adobe Comp**, que é um aplicativo disponível para iOS e Android e que permite criar *layouts* no celular ou no *tablet* para depois abri-los no InDesign ou outro programa da Adobe, a fim de finalizá-los com mais recursos.

Síntese

Neste capítulo, apresentamos as ferramentas necessárias para o trabalho com diagramação, como ferramentas para organizar e compartilhar arquivos, principais *softwares* e pré-requisitos que o computador precisa ter para proporcionar um trabalho bom e confortável. Também demonstramos como diagramar uma página usando o Adobe InDesign, a fim de explorar seus principais recursos, assim como abordamos brevemente o Photoshop e o Illustrator.

Questões para revisão

1. Qual desses programas é o mais adequado para diagramar uma revista?
   a) Adobe Photoshop.
   b) Microsoft Word.
   c) Adobe Illustrator.
   d) Adobe InDesign.

2. Um fotógrafo enviou uma imagem, garantindo que está "em 300 dpi". Você:
   a) fica tranquilo, pois poderá usar a imagem do tamanho que quiser, já que está em 300 dpi.
   b) fica tranquilo, pois, se a imagem não for do tamanho necessário, basta aumentar o tamanho no Photoshop.
   c) confere as medidas no Photoshop ou no InDesign, já que "estar em 300 dpi" não garante que a imagem possa ser reproduzida em qualquer tamanho.
   d) abre o arquivo no Photoshop para reduzir a resolução para 72 dpi, que é a adequada para impressão.

3. Qual a vantagem de trabalhar com estilos de parágrafos no InDesign?
   a) Manter os padrões de uma publicação.
   b) Poder alterar ao mesmo tempo todas as ocorrências de um mesmo estilo.
   c) As duas alternativas anteriores.
   d) Aproveitar fontes tipográficas gratuitas.

4. Quais custos você incluiria no orçamento para comprar o equipamento e as licenças de *software* necessárias para elaborar uma publicação?

5. Enumere quais ferramentas e recursos do InDesign você usaria para diagramar uma página simples, com título, gravata, olho, matéria e uma fotografia.

Para praticar

1. É possível que você já tenha instalado *softwares* no seu computador. Imagine que você precise dividir com outra pessoa as tarefas relacionadas à diagramação e à edição de uma publicação. Essa pessoa trabalhará na casa dela. Como vocês se comunicarão? Como vocês salvarão os arquivos? Como vocês saberão o que cada um já fez? Pense e descreva quais serviços de internet seriam adequados e como vocês se organizariam para evitar trabalhar em dobro.

Para concluir...

A prática da leitura permanece viva na vida das pessoas. Certamente, nas últimas décadas, alguns aparelhos eletrônicos, como celulares e *tablets*, passaram a ser usados como ferramentas de leitura. Contudo, os materiais impressos ainda são de grande demanda.

No jornalismo, para atrair público e fazê-lo ler, é interessante haver recursos que vão além do texto propriamente dito, como fotografias, ilustrações e fonte tipográfica adequada. Se uma matéria for mal diagramada, com uma tipografia mal-usada e linhas excessivamente longas, ela não será lida. Por isso, buscamos esclarecer ao longo da obra que todos os elementos que compõem uma publicação fazem parte da mensagem a ser transmitida.

Nosso objetivo aqui foi fazer com que, alternando conceitos básicos e mais densos, você compreendesse a importância do design para o jornalismo.

No Capítulo 1, analisamos os elementos que podem compor uma página de jornal ou revista e suas funções, abordando os pontos que precisam ser levados em conta ao se elaborarem os projetos gráfico e editorial de uma publicação. Para isso, apresentamos como é a elaboração de um projeto gráfico e a importância de se considerar o público-alvo em sua composição, além de fatores como periodicidade, quantidade de páginas, distribuição e logística, que são basicamente permeados pelo orçamento de que se dispõe.

Já no Capítulo 2, demonstramos como escolher as famílias tipográficas que serão usadas em um projeto e os fatores que devem ser levados em consideração para isso, como tipo de papel, público-alvo e idioma do texto. Além disso, indicamos maneiras para se compor um corpo de texto levando em conta aspectos como alinhamento e caracteres não alfabéticos.

A imagem e a cor foram os temas abordados no Capítulo 3. Nesse sentido, esclarecemos que esses não são meros complementos do texto, mas conteúdos em si. Assim, demonstramos formas de editar esses fatores e os principais modelos de cor presentes em um trabalho de diagramação e impressão – como montar uma paleta para um projeto gráfico, qual a melhor maneira de documentar as cores para se conseguir uma coerência ao longo das páginas ou de diferentes edições etc.

No Capítulo 4, analisamos o que as diversas proporções de página podem significar. Para isso, indicamos como subdividir uma página em várias colunas, as características que cada quantidade de colunas acarreta para o projeto gráfico e também que há diferentes maneiras de se organizar o conteúdo de uma página. Analisamos também aspectos de impressão, diferenciando impressão digital e *offset*, bem como apresentamos as melhores formas de se aproveitar o papel.

Por fim, no Capítulo 5, apresentamos as ferramentas necessárias para o trabalho com diagramação, desde o *hardware* a ferramentas para organizar e compartilhar arquivos. Nessa etapa, aproveitamos para dar a você algumas dicas de otimização de fluxo de trabalho e mostramos um exemplo de como diagramar uma página usando o Adobe InDesign.

Se você achar, mesmo após ler toda esta obra, que ainda não está preparado para diagramar uma publicação, não se preocupe. A segurança aparecerá com a prática. Por isso, ponha em prática o que você aprendeu: diagrame páginas, faça uma revista experimental com seus colegas, escreva matérias, fotografe, ilustre, pense em soluções interessantes, junte os elementos e vá fazendo um portfólio.

Observe o trabalho de outras pessoas, agora com um olhar mais crítico, e preste atenção nos detalhes, a fim de compreender as preferências e padrões de outras produções e de criar seu próprio repertório.

A qualidade vai aparecer nos detalhes. Por isso, mantenha este livro à mão. Como você viu, uma página boa pode ficar excelente com pequenos ajustes.

Referências

BRINGHURST, R. **Elementos do estilo tipográfico**: versão 3.0. Tradução de André Stolarski. São Paulo: Cosac Naify, 2006.

FREIRE, R. Como funciona uma impressora a laser? Entenda a tecnologia. **TechTudo**, 18 jan. 2015. Informática. Disponível em: <http://www.techtudo.com.br/noticias/noticia/2015/01/como-funciona-uma-impressora-laser-entenda-tecnologia.html>. Acesso em: 21 fev. 2018.

LUPTON, E. **Pensar com tipos**. 2. ed. Tradução de André Stolarski. São Paulo: Cosac Naify, 2013.

O EXTRA possui 2.708.000 leitores. **Infoglobo**. Disponível em: <https://www.infoglobo.com.br/anuncie/perfilLeitoresExtra.aspx>. Acesso em: 23 fev. 2018.

PERFIL do leitor. **Folha de S.Paulo**, Disponível em: <http://www.publicidade.folha.com.br/folha/perfil_do_leitor.shtml>. Acesso em: 23 fev. 2018.

SAMARA, T. **Grid**: construção e desconstrução. Tradução de Denise Bottmann. São Paulo: Cosac Naify, 2007.

____. **Guia de design editorial**. Tradução de Mariana Bandarra. São Paulo: Bookman, 2011.

SND – Society for News Design. Disponível em: <http://www.snd.org>. Acesso em: 16 jan. 2018.

SPD – The Society of Publication Designers. Disponível em: <http://www.spd.org>. Acesso em: 16 jan. 2018.

SPIEKERMANN, E. **A linguagem invisível da tipografia**. Tradução de Luciano Cardinali. São Paulo: Blucher, 2011.

THE DAILY TELEGRAPH. London, 26th May 2016.

WILLBERG, H. P.; FORSSMAN, F. **Primeiros socorros em tipografia**. Tradução de Hans Durrich. São Paulo: Rosari, 2007.

WILLIAMS, R. **Design para quem não é designer**: noções básicas de planejamento visual. 2. ed. rev. e ampl. Tradução de Barbara Menezes. São Paulo: Callis, 2008.

Bibliografia comentada

BRINGHURST, R. **Elementos do estilo tipográfico**: versão 3.0. Tradução de André Stolarski. São Paulo: Cosac Naify, 2006.

  Esse é o livro definitivo sobre tipografia. Com mais de 400 páginas muito bem escritas – Bringhurst também é poeta e tradutor –, essa obra contempla detalhes sobre tipografia com os quais a maioria dos designers sequer cogitou se preocupar.

LUPTON, E. **Pensar com tipos**. 2. ed. Tradução de André Stolarski. São Paulo: Cosac Naify, 2013.

  A estadunidense Ellen Lupton é professora e historiadora de design, e seus métodos de aprendizado valorizam o trabalho manual. *Pensar com tipos* é uma obra interessante que apresenta o design de uma maneira básica, levando em conta composições com forma e ritmo que podem ajudá-lo posteriormente a diagramar páginas.

SAMARA, T. **Grid**: construção e desconstrução. Tradução de Denise Bottmann. São Paulo: Cosac Naify, 2007.

  Há vários livros que tratam sobre o *grid* e suas possibilidades, como a obra seminal *Grid Systems in Graphic Design*, do suíço Josef Müller-Brockmann. No entanto, em *Grid: construção e desconstrução*, Timothy Samara apresenta um olhar mais contemporâneo sobre o assunto, explorando vários aspectos do *grid* – não só para a diagramação.

SAMARA, T. **Guia de design editorial**. Tradução de Mariana Bandarra. São Paulo: Bookman, 2011.

Esse livro é uma boa referência para quem quiser ir além no *design* editorial, pois apresenta vários exemplos e casos comentados. Trata-se de um guia mais geral sobre o assunto.

SND – Society for News Design. Disponível em: <http://www.snd.org>. Acesso em: 23 fev. 2018.

SPD – The Society of Publication Designers. Disponível em: <http://www.spd.org>. Acesso em: 23 fev. 2018.

Esses são os *sites* de duas associações internacionais de *designers* editoriais. A primeira é mais focada em jornais, e a segunda, em revistas. São bons *sites* para se procurar páginas bem-feitas e aumentar o repertório. As duas associações promovem premiações anuais. Quem sabe você não participa de uma delas e aparece no anuário?

SPIEKERMANN, E. **A linguagem invisível da tipografia**. Tradução de Luciano Cardinali. São Paulo: Blucher, 2011.

O alemão Erik Spiekermann se define como *tipomaníaco*. Além de ser responsável pelo desenho de várias famílias tipográficas e identidades visuais, o autor também se dedica à impressão em *woodtype* em seu estúdio P98A. Nesse livro, Spiekermann e seus colaboradores apresentam vários pontos de vista sobre a tipografia, como sua materialidade, de que maneira é possível criar condições para melhorar a leitura e como a tipografia passou do papel para o digital.

WILLBERG, H. P.; FORSSMAN, F. **Primeiros socorros em tipografia**. Tradução de Hans Durrich. São Paulo: Rosari, 2007.

Esse é um livro básico e didático sobre tipografia e diagramação, uma espécie de manual para quem está começando.

WILLIAMS, R. **Design para quem não é designer**: noções básicas de planejamento visual. 2. ed. rev. e ampl. Tradução de Barbara Menezes. São Paulo: Callis, 2008.

Essa é uma obra clássica de introdução ao *design* gráfico que ensina princípios de *design* por meio de sua aplicação a exemplos do cotidiano. Trata-se de um ótimo complemento aos temas abordados neste livro.

Respostas

Capítulo 1

1. d
2. c
3. b
4. Normalmente, mais elementos para serem editados representam mais trabalho para o editor, pois ele precisará escolher qual informação é a mais adequada para cada elemento, sem que elas fiquem redundantes nem vagas demais. Porém, mais elementos podem também representar mais chances de despertar interesse no leitor.
5. O fólio é usado para elementos mais repetidos na publicação, como pode ser o caso de um nome de seção. O antetítulo, por sua vez, muda de acordo com a matéria.

Capítulo 2

1. b
2. c
3. b
4. O *cinza* de um texto é o nome dado ao efeito ótico provocado pela combinação de fatores, como entrelinhas e espaçamento entre letras e peso, o que gera massas de texto percebidas como mais claras ou mais escuras.

5. Resposta pessoal. Orientação de resposta: Os números *old-style* seguem o fluxo do texto, sem aparecer demais quando vemos o texto inteiro da página. Os números regulares têm um desenho mais comum e, em alguns casos, podemos querer que eles apareçam mais no meio da massa de texto.

Capítulo 3

1. d
2. c
3. a
4. A sugestão do texto é que as fotos sejam similares entre si, tiradas todas sempre do mesmo ângulo, e que sejam diagramadas mantendo certo alinhamento entre elas ou, pelo menos, que a sequência a ser seguida seja perceptível.
5. O exemplo citado no texto é o de que o preto pode ter várias intensidades, dependendo das cores que o comporão na impressão.

Capítulo 4

1. a
2. d
3. a
4. Seis colunas. O número de colunas é baseado na largura final de cada uma delas, ou seja, em quantas colunas cabem na página sem ficarem muito estreitas.
5. Cabem três folhas: duas uma ao lado da outra e a terceira perpendicular a elas. Para caberem quatro páginas, cada uma teria que ter 32 cm × 44 cm – ou, em proporções menos comuns, 22 cm × 64 cm ou 16 cm × 88 cm.

Capítulo 5

1. d
2. c
3. c
4. Primeiramente, há os gastos com *hardware*: monitores, CPUs, teclados, *mouses*, *scanners*, impressoras, servidores de arquivos e *becape*, discos externos, entre outros. Depois, há os gastos com *software*: custo das licenças dos *softwares* necessários – como de paginação e de tratamento de imagens. Além desses gastos, há ainda os custos do banco de imagens, das licenças de fontes tipográficas, dos serviços de *e-mail*, da hospedagem em nuvem etc.
5. *Grid*, ferramentas de texto, ferramentas de imagem etc. – outras ferramentas podem ser citadas.

Sobre o autor

Matias Peruyera estudou Design Gráfico na Universidade de Buenos Aires e é formado em Jornalismo pelo Centro Universitário Internacional (Uninter). Trabalhou como infografista e editor no jornal *Gazeta do Povo*, além de ter realizado vários outros projetos ligados ao jornalismo e *design*. Atualmente, é professor dos cursos de Comunicação Social da Uninter.

Impressão:
Março/2018